TABLEAU ANALYTIQUE

DE LA

GRAMMAIRE GÉNÉRALE,

APPLIQUÉE AUX LANGUES SAVANTES,

TABLEAU ANALYTIQUE

DE LA

GRAMMAIRE GÉNÉRALE,

APPLIQUÉE AUX LANGUES SAVANTES;

Dans lequel on en démontre les effets et les usages; et la nécessité de la simplifier, de la compléter et de la réformer par l'observation, l'analyse et la synthèse.

Etendons l'art : mais abrégeons l'étude.

Par Jean VERDIER, Docteur en médecine, Directeur d'une maison d'éducation physique et morale; etc.

Prix, 75 cent., 1 fr. pour les Départemens.

A PARIS,

Chez l'Auteur, à l'Estrapade, rue Neuve-Sainte-Géneviève, n°. 16.

Et chez les Libraires indiqués à la page suivante

AN XI = 1803.

Cet ouvrage et les suivans, se trouvent chez les libraires ci-après :

Messieurs

D'ODOUCET, à l'Imprimerie Expéditive : rue Saint-Benoît, n°. 21.

ONFROY, rue Saint-Victor, n°. 3.

MÉQUIGNON l'aîné, rue de l'Ecole de Médecine, vis-à-vis la rue Hautefeuille.

PETIT, Palais du Tribunat, galerie Vitrée, n°. 229.

SUROSNE, Palais du Tribunat, N°. 235.

OUVRAGES
A PUBLIER,
PAR JEAN VERDIER;

Dont son Tableau analytique de la Grammaire est le plan.

I. L'ART *d'enseigner et d'étudier les langues Française et Latine, par l'analyse, la synthèse et l'usage*; facilement, promptement et parfaitement; au moyen de leur grammaire de la phrase, du mot et du discours grammatical; de toutes les opérations grammaticales; et d'un système usuel, analytique et synthétique: in-12.

Cet ouvrage qui est sur la fin de l'impression, est le développement des sept articles de la seconde partie du *Tableau analytique*; et leur application aux langues Française et Latine.

II. L'ART *poétique d'Horace*, corrigé, *traduit et analysé grammaticalement et logiquement*; pour servir d'introduction à l'étude de la poésie; à l'intelligence des auteurs Latins les plus difficiles; et à la correction des textes anciens.

Ce travail fait succéder 1°. Le texte corrigé, avec une nouvelle traduction: 2°. Des analyses grammaticales des mots moins entendus, de toutes les phrases, et des 26 démonstrations, dont ce poëme didactique est composé: 3°. Des analyses logiques des grands principes d'Horace : 4°. Un tableau de plus de 120 corrections à faire dans les leçons, la ponctuation et la division du texte. Je me suis déterminé à publier cet ouvrage ; pour justifier mes principes de grammaire simplifiée, complétée et réformée; pour démontrer les grands effets de l'analyse grammaticale ; pour initier les étudians dans l'analyse et la traduction des auteurs latins ; et pour inviter les grammairiens, à reprendre la critique grammaticale des textes encore informes des livres de l'antiquité; et les corriger. Il n'y a plus que trois feuilles à imprimer.

III. Rudimens *de la petite grammaire Française* : contenant les élémens et la pratique de la prosodie ou de la prononciation, de la lecture, du geste grammatical, de l'orthographe, de la déclamation et de l'intonation musicale ; avec l'usage de ces arts : in-12. nouvelle édition ; en vente.

Cet ouvrage est fait sur le plan et d'après les principes de la petite grammaire, exposés dans le *Tableau analytique*, et dans l'*Art d'enseigner et d'étudier les langues.*

IV. Rudimens *analytiques* et *synthétiques* de la langue Française : in-12. nouvelle édition. Il y a encore quelques feuilles à imprimer.

Cet ouvrage est aussi fait sur le plan et d'après les principes de la grande grammaire, exposés dans le *Tableau analytique*, et dans l'*Art d'enseigner et d'étudier les langues.*

V. Introductions à l'usage familier

des mots et des phrases françaises et latines; en apprenant à lire. In-8. Elles sont imprimées.

L'usage étant d'initier les enfans à la langue latine, aussitôt qu'ils savent lire; j'ai cru qu'on pouvait encore gagner du tems, en leur donnant ces introductions pour livre de lecture; même en épelant.

VI. *Recueil de mots variables*, français et latins : in-12. Imprimé.

L'usage de cet ouvrage est d'habituer les commençans aux variations des mots, par la double traduction.

VII. RECUEIL *de phrases latines et françaises* : in-12. Imprimé.

Ce petit ouvrage est un recueil de phrases régulières et elliptiques, sur les règles de syntaxe de la phrase; pour habituer les commençans par la double traduction, à les reconnaître et à les observer.

VIII. VOCABULAIRE *français - latin*, élémentaire et portatif, des mots d'un commun usage : in-18. Imprimé.

Cet ouvrage a été composé pour familiariser les commençans avec la langue latine; pour faciliter la recherche des mots latins, en composant ou en parlant; pour épargner la perte du tems, que nécessitent les gros dictionnaires; et même pour apprendre une suffisante quantité de mots. L'on y a joint une *préface*, qui en démontre la nécessité et les principes; et la *méthode* de l'enseigner et de l'étudier.

IX. RUDIMENS *analytiques et synthétiques de la langue latine.*

La première édition n'est point encore épuisée : mais il ne m'en reste que pour mes élèves : je ne puis dire quand j'en mettrai la seconde sous presse.

X. L'Art *de discourir,* In-12. C'est une grammaire générale du discours. Il n'en reste plus que quelques exemplaires pour les élèves.

OUVRAGES *d'éducation ;* en vente.

I. Cours *d'éducation physique*, morale et littéraire : in-12. .

Je distingue dans cet ouvrage, l'éducation et l'instruction que l'on confond communément. Les plans de l'une et de l'autre sont ceux que j'ai toujours suivis et que je suis encore dans ma Maison *d'éducation.*

Je me suis proposé de réunir dans le plan d'instruction générale, ce qu'un homme instruit doit savoir ; pour vivre heureux dans la nature et la société : savoir : pour les enfans ; les élémens de *Petite* et de *Grande grammaires*, et d'une petite philosophie, qui développe leurs facultés naturelles, et remplit leur entendement des idées mères : pour les adolescens, les élémens théoriques et pratiques des belles lettres ; c'est-à-dire, de la grammaire, de la logique et de la rhétorique ; appliquées au français seul, ou au français et au latin : 2°. Des mathématiques pures, c'est-à-dire, de l'arithmétique, de la géométrie, de la perspective, de la sonométrie et de l'algèbre : 3°. De cosmographie, de géographie et de chronologie : 4°. D'histoire naturelle usuelle des trois règnes : 5°. Des beaux arts naturels ; particulièrement de la gymnastique, de la musique, de la danse et du dessein : pour les puberes et jeunes-gens, les élémens de philosophie ou des sciences utiles ; des élémens d'économie ; et un plan de réformation des éducations incomplètes et vicieuses ; à approprier à chaque sujet.

Le plan d'éducation expose l'art de développer la bonne conformation et la santé ; l'entendement et les talens littéraires ; les vertus et les bonnes mœurs ; la religion et la piété ; dans la jeunesse ; par le concours des parens, des instituteurs et des élèves eux-mêmes.

II. MÉMOIRE sur les fonctions et les droits des instituteurs de la jeunesse en France. In-12.

J'ai été obligé de composer cet ouvrage, pour ma défense, et celle des arts de l'éducation ; contre les jaloux de mes immenses travaux et de mes succès ; qui m'avaient actionné ; mais dont je suis sorti victorieux par un arrêt du Parlement, et un décret de l'Université. Il contient l'historique des plans publics d'éducation et d'instruction, suivis en France jusqu'à la révolution ; avec les moyens de les compléter et de les réformer.

III. RECUEILS *de mémoires* et *d'observations, sur la perfectibilité de l'homme :* 2 *vol.* in-12.

Ils donnent des développemens des principes d'éducation et d'instruction, exposés dans les ouvrages précédens.

IV. DISCOURS sur le développement

de la belle nature et de la cure des difformités de l'épine et des membres, par des exercices appropriés ; et de nouvelles machines élastiques et mobiles : in-12.

C'est à-peu-près le plan d'un art que j'ai créé avec *Tiphaine*, célèbre chirurgien herniaire ; sur l'anatomie et la mécanique du corps humain ; sur des cures merveilleuses, déjà opérées, et reconnues par des médecins et chirurgiens très-célèbres ; et sur plus de 500 observations. J'en ai composé un traité ; mais que je n'ai encore pu mettre sous presse.

V. ÉLÉMENS *du calendrier* : in-12.

C'est une introduction nécessaire à l'étude de la chronologie et de l'histoire.

VI. LA JURISPRUDENCE *de la médecine* et *de la chirurgie*, en France : 4 vol. in-12.

Cet ouvrage de ma jeunesse a vieilli pendant la révolution : mais le zèle du gouvernement le rajeunit.

J'ai annoncé plusieurs fois la publication de la plupart de ces ouvrages. Je dois pour ma justification, dire un mot des obstacles que j'ai trouvés à mon zèle. Plusieurs étaient imprimés ; et huit étaient sous presse, lorsque M. de Buffon, qui avait acheté 60,000 l. l'hôtel Magni, que j'occupais ; et qui l'a revendu à Louis XVI, pour des sommes énormes, m'en chassa en un jour, par la maréchaussée et 50 ouvriers ; et m'occasionna plus de 100,000 francs de pertes et de préjudices. Sur mes réclamations, différentes administrations m'ont renvoyé en justice réglée, contre lui : et au moyen de 5,000 francs de frais et de faux frais, j'ai fait condamner solidairement dans quatre tribunaux, le fils Buffon et sa veuve, et le C. Alain agent du trésor public; à m'indemniser: mais mes adversaires ont eu assez de puissance, pour suspendre l'exécution de mes quatre jugemens; et fermer la porte à mes réclamations. Je ne puis désespérer d'obtenir justice d'un gouvernement, qui l'a promise solemnellement à tous les citoyens, et protection aux gens de lettres et aux instituteurs : mais en attendant cette justice tardive, un Imprimeur veut bien faire les frais nécessaires, pour achever mes impressions.

Je puis donc maintement offrir mes ouvrages au public. On trouvera ceux qui sont finis chez moi et les libraires indiqués au titre du *Tableau* : et je puis délivrer ce qui est fait des autres, à ceux qui les desireront; et leur en faire passer les feuilles restantes; à mesure qu'elles s'imprimeront.

On délivre gratuitement les prospectus suivans, dans ma MAISON *d'éducation.*

MAISON et COURS d'ÉDUCATION physique, médicinale, morale et littéraire :

MENS sana in corpore sano.

MAISON *de santé* et *d'éducation*, pour les jeunes personnes difformes, infirmes, foibles et délicates : où une instruction complète est jointe au développement de la belle nature, et des facultés naturelles; à la correction des difformités rachitiques et d'autres vices organiques; au moyen d'arts nouveaux joints aux anciens :

On trouve dans ce *prospectus*, les témoignages rendus à mon plan d'éducation, et au nouvel art de guérir les difformités, par des médecins et des chirurgiens très-célèbres; entre autres, MM. A. Petit, Barbeu-du-Bourg, Tronchin, les deux Morand père et fils, Bordenave, de la Faye, Jeanroi, Ledoux, Bosquillon, Poissonnier, Descemet, De la Tour.

Avis aux personnes contrefaites et estropiées;

COURS *publics* de grammaire et de dialectique françaises et latines, par principes et par usage : en faveur des jeunes-gens qui étudient les sciences, particulièrement la médecine et la jurisprudence.

Ces Cours sont de trois mois chacun; mais on peut commencer en tout tems. Ils se font trois fois la semaine dans une *salle de démonstration*, rue Neuve Notre-Dame, au Bureau de la Poste; et tous les jours, dans ma *Maison d'éducation*, rue Neuve Sainte-Geneviève, N°. 16.

DISCOURS

DISCOURS ANALYTIQUE,

Sur les usages et la réformation de la Grammaire générale des langues savantes.

1. SI nous nous observons nous-mêmes, dans la contemplation des objets, nous reconnaîtrons qu'ils se présentent tous avec confusion, à nos yeux et à nos sens; que malgré les efforts de notre attention, nous n'en apercevons jamais qu'un petit nombre de parties à-la-fois; et que notre esprit est encore bien plus impuissant dans le rappel des pensées par la réflexion. Comment se peut-il donc faire, qu'avec un esprit aussi borné, l'homme réussisse à se faire des notions aussi justes qu'immenses de tous les objets de la nature et de la société? ce n'est et ce ne peut être, qu'en en observant successivement toutes les parties: et c'est le but et l'ouvrage de l'analyse: et qu'en en réunissant pareillement en un tout, les idées partielles les unes après les autres: et c'est ceux de la synthèse.

2. Par l'analyse, nous décomposons chaque tout réel, idéal et même chime-

rique, en ses grandes portions : nous les subdivisons en de moindres : et ainsi de suite, jusqu'à ce que nous soyons arrivés à ses parties indivisibles, ou élémens : et dans cette grande opération, nous saisissons par l'évidence intuitive et rationelle, les propriétés et les rapports de chacune de ses parties. Le tout simplifié devient distinct, clair et évident : et nous nous en formons une notion juste, vraie et plus ou moins complète, si les préjugés ne viennent point obscurcir le flambeau de l'évidence.

3. Par la synthèse, nous réunissons successivement les idées que nous nous faisons des objets, en notions : nous les décrivons par le langage, pour les manifester aux autres entendemens : nous pouvons varier ces descriptions sous différentes formes, suivant les rapports que nous avons perçus entre les objets ; pour les appliquer à nos différens besoins, ou pour les mieux faire concevoir et retenir par les esprits de différentes trempes : et toutes ces descriptions pourront elles-mêmes être justes et exactes, si elles sont faites d'après l'analyse.

4. C'est donc par l'analyse et la synthèse, que l'homme, qui naît parfaitement ignorant et inexpérimenté, a dé-

couvert et décrit toutes les vérités qui se trouvent dans la masse des connaissances humaines ; il n'a pas reçu de sa nature et de son auteur, d'autres moyens, pour en faire la recherche et les exposer. Toutes notions qui ne sont pas les fruits de l'analyse, sont nécessairement incomplètes, obscures et le plus souvent fausses. Tout système qui n'est pas fondé sur l'analyse, n'est qu'un échafaudage caduc, qu'une démonstration sophistique peut bien rendre vraisemblable ; mais dont l'analyse démontre les vides et les erreurs; et que souvent elle renverse en entier.

5. L'analyse et la synthèse sont donc les grands et seuls moyens de créer, d'étudier et de pratiquer les sciences et les arts : et quelle science, et quel art a plus besoin de ces deux instrumens, que la grammaire ; cet art, ce grand art, qui doit apprendre à débrouiller le cahos immense des monumens des langues ; à composer au moyen de ces signes, des pensées, des discours, des tableaux de la nature et des arts ; et à décomposer toutes espèces de discours, pour en perçevoir les notions, les idées et les perceptions ; et les faire passer et graver dans tous les entendemens.

6. Persuadé de ces grandes vérités, la

principale de mes études a toujours été de vérifier et d'étendre par l'analyse, la grammaire générale des langues savantes, dont les littératures contiennent nos arts et nos sciences, nos lois et nos usages, nos opinions et nos mœurs; et d'en réunir par la synthèse, les principes, les règles; et de tracer les méthode, de les apprendre avec le plus de certitude, de facilité et de promptitudes que peut le faire espérer l'exercice des facultés intellectuelles. Leur enseignement et leur étude, doivent être l'objet du cours que je me propose de faire, si l'indulgence le permet à mon zèle.

7. Pour signaler la véritable entrée de cet art, je ne crois pouvoir mieux faire, que d'élever et résoudre avant tout, par l'analyse, ces deux grandes questions: la première, quels peuvent être les effets et les usages de la grammaire? la seconde, s'il n'y aurait point dans les plus savans traités que nous en avons, et dans les méthodes les plus suivies, des complications à simplifier, des erreurs à corriger, des vides à remplir? pour en rendre les solutions plus frappantes et plus convaincantes; je ne considererai l'art grammatical, que dans son propre domaine, sans incursion sur les territoires de la

logique et de la réthorique, qui lui sont contigus.

8. Puis-je me flatter d'attirer l'attention sur cet art, le premier, le plus puissant et le plus important des arts; que le commun des hommes regardent encore avec la plus grande indifférence? je l'espère, du moins des vrais lettrés; des hommes zélés pour les progrès de l'instruction publique; et des amateurs de la patrie et du genre humain.

PREMIÈRE PARTIE.

Des effets et des usages de la grammaire générale.

9. POUR découvrir les usages et les effets de la grammaire, rien de mieux que de jeter nos regards sur l'homme qui n'en a pas encore reçu les puissantes influences. Nous le voyons naître muet et presque sourd; sans pouvoir exprimer ses sentimens, autrement que par des cris et des mouvemens spontanés; sans aucunes connaissances ni usages des facultés intellectuelles; et par conséquent incapable de toute fonction civile: mais nous le voyons

insensiblement passer de l'état d'automate peu sensible, à celui d'homme naturel et social : et cette métamorphose admirable est due à la grammaire. Il nous faut donc rechercher comment cet art développe en lui la faculté du langage ; lui donne le pouvoir d'entendre et de composer toutes espèces de discours ; organise son entendement et en active les facultés ; lui procure les talens grammaticaux, par lesquels il remplit les fonctions et jouit des droits de citoyen.

10. I. Le langage s'établit dans l'homme, par l'usage de sa langue maternelle : et cette langue lui devient un instrument pour l'étude de toutes les autres. Commençons donc par rechercher les obligations que les langues savantes ont à l'art grammatical.

11. 1°. Aussitôt qu'après la naissance, les sens de l'homme sont assez développés, pour lui faire percevoir des impressions des objets extérieurs, et en graver des traces sur l'organe de l'entendement, la grammaire vient l'occuper, pour lier des signes à ses sensations, et en opérer aussi les gravures : mais dès-lors la nature lui oppose de grands obstacles, dans les résistances des organes de l'ouie et de la vue ; de la voix et de la parole ; du toucher et

des gestes ; il les lui faut vaincre par des exercices industrieux continuellement répétés pendant plusieurs années, pour développer leurs actions et leurs fonctions. Sans ces exercices, l'homme demeure muet, et hors de la société, dans un état mitoyen entre celui des sauvages et celui des brutes.

12. Ce n'est pareillement que par l'usage de la langue maternelle, que s'opère le premier développement de l'esprit. Mais qu'il se fait différemment ce développement dans le rustre, par un usage grossier et vicieux ; et dans l'homme policé, par un usage plus régulier, plus poli et plus étendu : et à quel haut degré ne pourrait-on pas le faire monter, si persuadé des grands effets de l'art grammatical, on se donnait la peine d'assujétir le premier usage à ses principes, à ses règles et à ses vrais procédés !

13. Mais quelque parfait que soit l'usage de la langue maternelle, il ne peut qu'ébaucher les fonctions mécaniques, par lesquelles se forment les signes grammaticaux; et ne présenter à l'esprit qu'une partie de leur immense combinaison. L'homme réduit au seul usage ne peut parler et écrire que d'après les idées qu'il a puisées dans les phrases qu'il a lues et entendues ; et que des circonstances ou des interlocu-

teurs rappellent à sa réminiscence ; comme un orgue répond par ses sons, aux doigts de l'organiste. Combien d'hommes instruits et même savans, qui dans ce cas, ne peuvent rendre leurs idees entassées dans leur entendement, comme les marchanchandises dans un magasin ! Ils ne peuvent que phraser, ils ne peuvent faire de discours.

14. Mais que l'on joigne au bon usage de la langue maternelle, la théorie complète de l'art grammatical. Par son moyen l'homme tirera de sa voix et de sa parole, de son écriture et de ses gestes, toutes les qualités et tous les talens dont la nature ne lui avait donné que les dispositions. Par la nommenclature de sa langue, il acquérera toutes les perceptions ou idées générales qui sont dans le commerce social du peuple qui la parle : par la grammaire de la phrase, il pourra construire ses idées sous toutes leurs formes : par celle du discours, il se fera un plan, un cadre, un moule, d'après lequel il composera et improvisera sur toutes les matières qui lui sont connues : et par tous ces instrumens il saisira toutes les pensées du discours sans en rien laisser échapper.

15. L'art grammatical ne se borne pas à métamorphoser l'homme ignorant et

muet en un être raisonnable et parlant. Comme il n'y a qu'une grammaire commune à toutes les langues, celui qui a appris sa langue maternelle par son moyen, n'a plus besoin pour apprendre les autres avec autant de facilité que de perfection, que d'en faire les applications à chacune, en en rapportant les mots et les expressions à la sienne. Celui au contraire qui sans cet instrument, entreprend l'étude des langues étrangères, y trouve des différences infinies dont il ne peut concevoir les raisons. Il y croit voir autant de grammaires contradictoires, dont il ne se peut faire que des idées séparées et fausses. Autant de langues qu'il veut apprendre, autant de cahos à débrouiller. Tout est difficulté nouvelle pour lui.

16. 2°. La langue française est de toutes les langues savantes la plus compliquée, la plus irrégulière, la plus capricieuse : c'est par conséquent celle qui a le plus besoin de grammaire pour son étude. C'est aussi celle des modernes, qui a été le plus travaillée par son moyen. Aussi les écrivains français, sont ceux qui ont écrit avec le plus de régularité, de pureté, d'élégance et d'harmonie : et ils ont mérité d'être les modèles des autres écrivains dans les langues modernes.

17. 3°. La langue anglaise au contraire, la plus simple et la plus facile, ne paraît guères présenter de difficultés, que dans sa prononciation. De là ses grammairiens se sont presque bornés à sa prosodie et à son orthographe : et c'est peut-être la langue la mieux prononcée, la mieux orthographiée. Mais aussi c'est peut-être la plus monstrueuse dans ses phrases. Ses écrivains sont les moins méthodiques : et le docteur Lowth et d'autres grammairiens reprochent aux plus célèbres, de ne point écrire avec assez de pureté, de correction et d'élégance.

18. 4°. Si nous pouvions nous arrêter sur les langues et les littératures italienne, espagnole et allemande, nous pourrions démontrer que l'état de chacune et le style de ses écrivains sont pareillement en raison du plus ou moins de soin et d'exactitude qu'on y a mis à en étudier la grammaire. Les langues du nord sont encore couvertes de la rouille de la barbarie et dans la pauvreté ; pour n'avoir point reçu de grandes influences de l'art grammatical.

19. 3°. Les langues italienne, espagnole et française sont nées pendant la barbarie du moyen âge, de la langue romane qui n'était qu'une corruption du latin dans les bouches des peuples

ignorans et barbares, qui renversèrent l'Empire romain.

20. 6°. Le latin, la langue mère de ces idiômes modernes, est né de la formation du peuple romain par Romulus, l'an 752 avant l'ère vulgaire. Si de cette date fixe nous descendions de siècle en siècle jusqu'à nos jours, nous verrions cette langue subir des révolutions; et produire, à différentes époques, des littératures d'une valeur toute différente; et des espèces de dialectes chronologiques; toujours par les mêmes causes. Nous verrions le premier latin retenu par le seul usage, dans sa barbarie originelle, pendant quatre siècles; ensuite se dégrossir, et se perfectionner; et enfanter une admirable littérature, jusqu'au siècle de l'empereur Auguste, par les études grammaticales et dialectiques des grecs, et par l'imitation de leurs chef-d'œuvres; s'altérer et dégénérer après cela, pendant les six premiers siècles de l'ère vulgaire, par un relâchement dans les études grammaticales, et par l'adoption de mots et d'expressions celtiques ou gauloises; se dégrader et se corrompre tout-à-fait et former cet idiôme grossier, mais célèbre sous le titre de basse latinité, pendant tout le moyen âge, par la perte totale des études grammaticales; enfin se

recréer dans les trois derniers siècles et demi; et former le latin moderne, par l'imitation des anciens modèles de latinité; et par un grand nombre de grammaires latines et d'ouvrages grammaticaux, bien supérieurs aux productions grammaticales des romains eux-mêmes.

21. Cette langue qui est devenue pour les français, comme pour tous les peuples modernes, la première des langues savantes, est aussi la plus règulière, l'une des plus simples et des plus faciles. Comment se peut-il donc faire que dans les écoles latines, son enseignement soit devenu le plus long et le plus infructueux? et son étude le tourment de l'adolescence? Ce n'est que parce qu'elle y a toujous été enseignée sans la langue maternelle : et presque sans son usage verbal, par des principes insuffisans et faux; et par des méthodes aussi contraires à son genie, qu'à la nature de l'entendement humain, et à l'exercice des fonctions intellectuelles.

22. Ce n'est point apprendre le latin, que de ne le puiser que dans les chef-d'œuvres du siècle d'Auguste. Il faut l'étudier dans toutes ses époques : il faut même remonter jusqu'à ses origines : et la grammaire doit toujours être le guide dans cette longue carrière.

23. 7°. On a reconnu le premier fond de la langue latine dans les anciens idiômes celtiques ou septentrionaux, sur-tout dans l'étrusque, et dans les premiers idiômes orientaux ; particulièrement dans celui des Phéniciens, ces fameux navigateurs, qui ont répandu sur tout le monde primitif, les monumens de leur pays et de tout l'Orient. C'est ce fond stérile que les latins ont rendu si fécond, par l'étude grammaticale des dialectes grecs, particulièrement du dorique et de l'éolien. Les langues les plus anciennes devraient donc être étudiées par la grammaire, pour la plus grande intelligence du latin, si elles ne devaient pas l'être pour elles-mêmes.

24. 8°. La langue grecque n'était aussi dans son origine, qu'un dialecte celtique des plus pauvres et des plus informes : mais l'an 1519 avant l'ère vulgaire, Cadmus de Phénicie à la tête d'une colonie apporta aux grecs l'alphabet et les fables ou la littérature de l'Orient. Bientôt les Grecs se livrèrent à l'étude, avec une ardeur qui n'a pu s'éteindre qu'à la destruction de leur empire, par les turcs l'an 1453 de l'ère vulgaire. Aucun peuple n'a étudié et travaillé sa langue avec autant d'art et de méthode. C'est aussi celui qui s'est crée la langue la plus féconde, la plus variée

et la plus harmonieuse : et qui a produit la littérature la plus riche et la plus instructive. Par l'une et l'autre les Grecs sont devenus les maîtres et les instituteurs de tous les peuples lettrés et savans.

25. 9°. En remontant au dessus des latins et des grecs, des savans ont découvert en Europe, les débris de ces idiômes barbares devenus célèbres sous le titre de celtiques; et dont les analogies démontrent que c'étaient les dialectes d'une langue septentrionale : et dont la pauvreté et la simplicité portent à croire qu'ils sont de la première antiquité. Faute de grammaire la langue celtique est demeurée dans sa première enfance. Aussi n'intéresse-t-elle que parce qu'elle fournit des matériaux de plusieurs langues savantes.

26. 10°. Dans l'Orient primitif, le berceau du genre humain et la tige des nations, l'on trouve aussi des idiômes qui ont les caractères d'antiquité et même des caractères de fraternité avec ceux du Septentrion. Les principaux sont l'égyptien, le chaldéen ou babylonien, le syrien, le premier arabe et le phénicien. Tous ces idiômes n'étaient encore que les dialectes d'une langue orientale : mais nous n'en avons que des monumens épars; qui ne peuvent servir qu'à jeter du jour sur les

plus anciennes langues, dont nous avons des littératures.

27. 11°. la langue hébraïque, l'un de ces idiômes, et dont le samaritain est lui-même un dialecte, prend une date précise dans les cinq livres du Pentateuque, que Moyse publia 15 à 16 siècles avant l'ère vulgaire. Depuis cette date il s'est élevé chez les hébreux ou juifs, des génies supérieurs, qui pendant 13 à 14 siècles, ont produit la première des littératures, que le tems ait respectées : et cette littérature offre des chef-d'œuvres dans presque tous les genres. Ses livres historiques sont les modèles de l'histoire primitive : les cantiques et les pseaumes sont encore les plus grands modèles de poésie lyrique. Le poëme de Job doit être regardé comme la première des épopées : et si par sa simplicité il est inférieur au petit nombre de celles qui ont paru depuis, il est bien supérieur à toutes, par les grandes vérités qu'il enseigne ; et par la majesté des images, par lesquelles il les grave dans l'entendement de l'homme vertueux et pieux.

28. Mais que notre enthousiasme ne nous emporte pas au-delà de notre but. On ne nous a point appris, en quoi consistait l'art grammatical chez les Hébreux ; mais il se manifeste dans ses productions, à l'ana-

liste, qui sait le dégager de leurs beautés poétiques et oratoires. En analysant grammaticalement le cantique que Moyse fit chanter à Israël, après son passage au travers de la mer Rouge, on admire les preuves qu'il donne avec la plus grande régularité des bénédictions que Jéhova lui promet, s'il suit sa loi. Chacun des pseaumes établit une proposition, la démontre par des preuves et la défend contre les objections, dans le style syllogistique, grammatical et logique, le plus exact et le plus rigoureux.

29. 12°. Les caractères de simplicité, d'antiquité, de filiation et de fraternité des langues orientales et septentrionales élèvent l'antiquaire jusqu'à la langue primitive. Cette langue a dû commencer par le langage spontané de la voix et des gestes. Son dictionnaire a dû se composer des accens des passions et de ces sons imitatifs des objets, qu'on a nommés onomatopées. Les premiers rapports de ces signes ont dû être exprimés par leur construction, dans des phrases et des discours très-courts. Sa littérature a dû être la première mythologie. Eh bien! nous retrouvons ces premiers monumens dans les plus anciennes langues; et ils se sont perpétués de langues en langues, jusqu'à celles qui vivent actuellement.

30. Mais les monumens primitifs présentent encore à nos recherches quelque chose de plus positif. Nous lisons dans Diodore de Sicile, une très-ancienne tradition des prêtres d'Egypte, qui attribuaient à Taaut, l'Hermès des Grecs, le Mercure trismégiste des Latins, et le Theut ou Theutatès des premiers Septentrionaux, la réunion des idiômes confus des premiers hommes, en une langue régulière; la formation de l'alphabet primitif; l'invention de la musique; celle de l'arithmétique, etc. L'authenticité de cette tradition peut se démontrer par son analogie avec le développement naturel des fonctions organiques de la parole, du geste et de l'écriture; avec les monumens des plus anciennes langues; et même avec ce que nous en avons reçu. Taaut ou Hermès peut donc être regardé, comme le premier grammairien et le premier littérateur connus.

31. 13°. Si maintenant nous descendions de la langue primitive, par les langues anciennes, jusqu'aux modernes, en suivant la route tracée par leur filiation, nous reconnaîtrions non-seulement que toutes sont soumises aux principes et aux règles d'une seule grammaire: mais encore qu'elles ont un nombre immense de mots communs et les mêmes racines; qu'elles

sont mères ou filles ou sœurs, les unes des autres ; et qu'elles ne sont que les dialectes d'une seule langue commune au genre humain. Le grammairien antiquaire et philosophe aurait à en conclure, qu'au moyen d'une grammaire générale appliquée à toutes les langues savantes et nécessaires, d'un dictionnaire analytique de leurs racines, et d'un dictionnaire synthétique de leurs mots communs, celui qui possède bien sa langue maternelle par le bon usage et par des principes justes et complets, pourrait les apprendre toutes à la fois, avec plus de facilité, plus de perfection et peut-être moins de tems, qu'on en apprend une seule étrangère imparfaitement, avec des grammaires incomplètes et vicieuses et le cahos de son dictionnaire.

32. 14°. Enfin toutes les langues ont été nécessairement formées par des peuples ignorans et grossiers, qui ne pouvant suivre exactement les analogies des pensées et de leurs signes, ont jeté dans chacune, un nombre immense d'irrégularités, que leur adoption a fait regarder et respecter comme des figures. De-là les besoins qu'elles ont toutes d'être corrigées et perfectionnées par les principes et les opérations de la grammaire, qui les rappellent

insensiblement aux analogies dela nature et à celles même de l'usage général: et peut-être trop peu de connaissances dans cet art a autant contribué qu'une fausse délicatesse, à rendre les grammairiens trop scrupuleux sur ces corrections nécessaires: et même l'ignorance de quelques-uns a quelquefois augmenté la corruption des langues par de fausses réformations.

33. II. La grammaire ne se borne pas à donner la connaissance spéculative des langues. C'est un art pratique, qui crée le talent de composer toutes sortes de discours grammaticaux; et de concevoir tous ceux qui ont été composés. C'est donc un art préliminaire et nécessaire pour tous les autres, qui prennent après lui le discours pour objet: pour la logique, l'art poétique, l'art oratoire, toute espèce de critique et l'art de traduire.

34. 1°. La grammaire est l'art de penser, et la logique, celui de bien penser. Le logicien ne peut donc donner la justesse et la vérité à ses pensées, que dans un discours, qu'il aura rendu par la grammaire, bien ordonné, bien régulier, bien correct et bien clair: comme le sculpteur ne peut bien travailler l'argile avec ses doigts, que sur une matière bien ordonnée dans ses formes et ses proportions. Aussi

les anciens n'avaient fait qu'un art de la grammaire du discours et de la logique, sous le titre de dialectique : et les logiciens modernes n'ont pu se rendre utiles, qu'en s'appropriant une partie de cette grammaire, abandonnée par les grammairiens.

35. 2°. L'art poétique ne peut pas plus apprendre à bien peindre sans la grammaire, que les arts pittoresques sans le dessin. Les grands poëtes de l'antiquité hébraïque, grecque et latine, ont bien pris des licences sur les mots, même dans les phrases : mais ils ne s'en sont pas permis sur la construction grammaticale du discours. Tous leurs poëmes sont divisés en descriptions, démonstrations et argumentations, que l'on pourrait donner pour exemples de constructions grammaticales parfaites : et Boileau n'aurait pu justifier par leur exemple, que *souvent un beau désordre est un effet de l'art.* Il est vrai que parmi nos poëtes modernes. il en est un grand nombre qui n'ont pas même songé à la structure grammaticale de leurs poëmes ; et que même quelques-uns ont voulu se faire des beautés du désordre : mais ce ne sont pas eux qui ont produit le plus d'enthousiasme et d'instruction. Combien de drames bien poétiques et bien versifiés, mais qui mal ordonnés et mal con-

duits, ne peuvent attacher les spectateurs à leurs représentations! du moins avons-nous des chef-d'œuvres qui peuvent servir de règle en ce genre, avec les plus parfaits de l'antiquité. Que l'on analyse grammaticalement chacune des tragédies de l'immortel Racine: et on le verra toujours poser au commencement, une question intéressante; la développer par des thèses subordonnées, que lui fournissent des passions contraires ou des incidens imprévus; faire toujours argumenter syllogistiquement tous ses personnages sur ces thèses successives; jusqu'à ce qu'un grand événement donne le dénouement par la solution de la question. Observez les spectateurs à leurs représentations: et vous les verrez toujours émus par les combats des passions; mais toujours attachés à la question avec une inquiétude intéressante, par la texture régulière et serrée du poëme. Le mérite grammatical de tout discours est celui qni brille le moins: mais celui qui attache le plus.

36. 3°. Je ne m'arrêterai pas à faire remarquer combien le discours oratoire a besoin de l'ordre et de l'art que doit enseigner la grammaire. Les rhéteurs les ont si bien connus et les bons orateurs si bien employés, que leur art se les est en quelque sorte appropriés.

37. 4°. Il suit des observations précédentes sur la prééminence de la grammaire dans les belles-lettres, que l'examen et la critique de toute espèce d'ouvrage littéraire doivent porter d'abord sur son plan grammatical, comme ceux des ouvrages de peinture et de sculpture sur leur dessin. C'est pourtant à quoi l'on pense le moins et souvent à quoi l'on ne pense point du tout : et cette indifférence ou cette ignorance des critiques est sans doute la principale cause de toutes ces productions irrégulières et informes qui sortent des imaginations que la grammaire n'a point réglées.

38. Les circonstances d'après lesquelles les ouvrages de la savante antiquité nous ont été transmis, ont donné lieu à un nouvel objet de la critique grammaticale, qu'il est de la plus grande importance de faire connaître aux littérateurs de tous les genres. Lorsqu'à la fin du moyen âge il fut question de les imprimer, on fut frappé de la corruption dans laquelle les manuscrits étaient tombés sous les plumes des copistes. Heureusement il se trouva des lettrés assez instruits, pour en ébaucher la correction : mais on consulta moins la grammaire que la comparaison des manuscrits, pour en

avoir les vraies leçons, y établir une juste ponctuation, donner les véritables titres et distributions. L'on a continué ce grand ouvrage sur ce plan insuffisant pendant plus de deux siècles : mais dans le dernier il s'est élevé une secte de critiques peu grammairiens, qui ont laissé tout à fait de côté la critique grammaticale ; et l'ont remplacée par des régles qu'ils n'ont tirées que de leur imagination fougueuse. Il en est résulté que les textes des anciens auteurs sont encore plus ou moins défigurés. J'espère bientôt démontrer dans une nouvelle édition et traduction avec des analyses, de l'*Art poëtique d'Horace*, qu'il y reste encore à faire plus de cent vingt corrections essentielles. La grammaire doit donc rentrer dans ses droits, et reprendre la critique et la correction de tous les anciens livres ; pour que l'on y voie les entendemens de la judicieuse et majestueuse antiquité.

39. Les traducteurs des anciens livres ayant à s'exercer sur des textes corrompus, qn'ils regardent comme parfaits, ont dû faire de grands écarts. D'ailleurs ignorant ou négligeant la grammaire, ils se sont trouvés dans l'impuissance de suivre les idées et les notions de leurs auteurs. Ils leur ont attribué une infinité d'erreurs,

de sottises, d'extravagances, de contradictions et même d'absurdités: et je ne craindrai point d'avancer, que nous n'avons pas une seule traduction fidelle des chef-d'œuvres de l'antiquité. Dans chacune de nos séances je produirai des preuves frappantes de ces assertions paradoxales : que l'on juge de leur importance par les suivantes.

4o. La traduction latine des livres sacrés des Juifs et des Chrétiens, célèbre sous le titre de Vulgate, et les Septante leur fameuse traduction grecque ne s'accordent point sur bien des choses: et l'une et l'autre ne présentent les vrais sens qu'à travers des nuages. La Vulgate inintelligible en bien des endroits, a été mise à l'index, par les souverains pontifes de Rome, et n'a point encore été corrigée. Le premier chapitre de la Genèse est dans le texte hébreu, le monument le plus lumineux et le plus philosophique de l'antiquité sur l'origine du monde, de la terre et de l'homme. C'est dans la Vulgate un amas d'absurdités, qui entretient une vraie guerre entre les *critiques sacrés* et les théologiens d'un côté, et les naturalistes, les physiciens et les chimistes de l'autre: mais que l'on soumette ce précieux morceau, à l'analyse grammaticale du discours, de la phrase et du mot, et elle conciliera

les

les uns et les autres, sur l'immense antiquité du monde et l'étonnante jeunesse de la génération actuelle des hommes ; ainsi que sur la prérogative qu'a toujours eue le soleil d'être pour nous la source de la lumière, et de nous donner sans cesse des jours *qui eussent un soir et un matin.* Elle pourrait, cette analyse grammaticale, accorder les théologiens et les philosophes, sur une infinité d'autres points ; et les faire concourir à rétablir le règne de la vertu et de la piété.

41. Les fameux aphorismes d'Hippocrate, l'un des plus précieux chef-d'œuvres des Grecs, étant bien analysés grammaticalement, présentent un tableau bien ordonné de principes démontrés logiquement, et que l'observation justifie : et cependant leurs éditeurs, commentateurs et traducteurs en ont fait un recueil de préceptes isolés ou absolus, auxquels ils donnent souvent de faux sens : et les disciples d'Hippocrate tuent leurs malades en son nom, d'après des erreurs prises pour des axiomes hippocratiques.

42. Horace démontre d'une manière invincible, les premiers et grands principes de la poésie, en 26 questions ou propositions, qu'il fait suivre dans l'ordre des travaux du poète ; et qu'il résout ou

prouve syllogistiquement : mais on a morcelé cet ouvrage vraiment didactique : et l'on en a fait un recueil de préceptes sans liaisons, sans rapports, sans méthode et souvent sans bon sens. Il est tel traducteur célèbre, à qui l'analyse grammaticale peut reprocher plus de 200 contresens : et les poètes et les poétiques sont dans de perpétuelles controverses, dans lesquelles chacun attaque et se défend avec de fausses armes, qu'il attribue au législateur de la poésie latine.

43. Que la coterie des critiques-antigrammaticaux, vienne contredire ces paradoxes : et je les leur démontrerai par les infidélités et les erreurs innombrables de la traduction de Virgile, par l'abbé Desfontaines, leur chef et de bien d'autres, sorties de leurs boutiques.

44. III. Que de richesses et de talens inappréciables, ne donne donc point la grammaire, en mettant en main la clef des langues et l'instrument de s'en servir pour la composition et la conception du discours : mais elle porte bien au-delà ses influences. C'est elle qui organise l'esprit, en formant l'entendement, en développant toutes les facultés intellectuelles, en animant les opérations mentales, en créant les grandes dispositions pour l'é-

tude et la pratique des sciences et des arts, en réglant tout enseignement : et si tant de génies demeurent dans la médiocrité et au-dessous, la nature et l'art nous apprennent qu'il faut l'attribuer à la négligence des étudians dans leurs études grammaticales, à l'impéritie de bien des grammairiens, et à l'imperfection de l'art grammatical.

45. 1°. En effet, il est démontré par la physiologie, la science de la nature humaine, que l'ame ne reçoit d'impressions spirituelles qu'à l'occasion d'impressions mécaniques, opérées par les organes des sens sur le centre nerveux, ou l'organe immédiat de l'entendement ; que l'ame ne peut agir sur les organes du corps, sur les objets extérieurs et sur elle-même, que par sa réaction ou sa réflexion sur cet organe. Il est démontré par l'analyse de l'entendement humain, que c'est dans son origine, une table rase ou un livre blanc, sur lequel s'inscrivent toutes les connaissances par le jeu des sens et de la réflexion ; et dans lequel l'ame lit ensuite par la réminiscence. Il est démontré par l'une et l'autre science, et par l'expérience, que les idées des objets ne se gravent bien dans l'entendement, qu'en se joignant à des signes sensibles, qui en deviennent les monumens et les agens

de leur rappel ; et qu'enfin les idées et leurs signes se rappellent spontanément ou volontairement, dans l'ordre où ils ont été gravés dans l'entendement.

46. La grammaire est donc l'art de composer et corriger le livre cérébral de l'entendement ; et celui d'y lire méthodiquement: et comme tous les monumens grammaticaux sont les signes artificiels de toutes les connaissances des sciences et des procédés des arts, l'on ne peut pas plus composer et étudier aucune discipline sans la grammaire, qu'on ne pourrait faire un livre sans l'écriture ou l'imprimerie.

47. 2°. Si nous observons le développement des facultés de l'esprit, c'est-à-dire de l'attention, de la réflexion et de la mémoire, nous reconnaîtrons que la nature n'en donne que les organes, et des dispositions plus ou moins henreuses ; et qu'il est dû à des exercices de l'esprit, long-tems suivis avec méthode; et primordialement et le plus efficacement à ceux de la grammaire.

48. Tous les enfans naissent inattentifs : mais en dirigeant sans cesse leurs yeux et leurs oreilles, sur les objets et les signes des pensées, on les habitue à percevoir à leur gré, les sons, les caractères et les pensées qu'ils désignent ; à les unir

ou désunir, et à en graver les traces sur l'organe de l'entendement.

49. Nous naissons tous pareillement irréfléchis : et comment rappellerions-nous des pensées qui n'ont point été gravées avec leurs signes, sur l'organe de l'entendement ? ou qui l'y ont été sans liaisons ? c'est donc à la grammaire à nous apprendre à faire ces liaisons et ces gravures, suivant leurs rapports et nos besoins ; et à diriger la réflexion dans leur rappel.

50. La plupart des hommes se plaignent de leur peu de mémoire : et comment en auraient une heureuse, ceux dont l'esprit abandonné au hasard, n'a gravé que faiblement sur l'organe de l'entendement, des idées particulières et isolées ; et qui n'ont point la méthode de lire dans ce livre ? Ils sont absolument dans le cas d'un homme, qui ne saurait que mal lire, et à qui on donnerait à déchiffrer un écrit rempli de fautes et de lacunes : mais que l'on développe la mémoire par des études grammaticales, régulières et bien suivies, elle deviendra plus féconde et plus obéissante à la réflexion, que celle de ces hommes, regardés comme privilégiés de la nature ; mais qui n'ont appris leur langue que par l'usage. Je ne l'ai

jamais vu manquer chez les élèves studieux, exercés par notre art.

51. Quelle énergie la grammaire ne peut-elle donc pas donner à ces trois facultés! l'on attribue communément toutes les fautes des hommes, à leur ignorance et à leurs passions: moi, j'en attribue le plus grand nombre à leur inattention, à leur peu de mémoire et à leur irréflexion.

52. 3°. On rapporte avec raison toutes les fonctions et les opérations de l'esprit, à trois : l'appréhension ou la conception, le jugement intuitif ou rationnel et la méthode ou système, par lesquelles nous acquérons, nous construisons, nous rétenons et nous employons nos perceptions, nos idées et nos notions de tous les objets : et c'est encore à la grammaire que nous en devons le développement plus ou moins parfait.

53. La conception, la première et la base de toutes les fonctions et opérations intelleetuelles, ne consiste que dans la liaison de la perception d'un objet avec son signe, dans l'esprit et dans l'entendement. Qu'on présente les mots sans leurs sens, ce ne sont que des sons ou des figures : *sunt verba et voces, præterea que nihil*. Et c'est pourtant ce qu'opèrent le seul usage

et les études routinières: mais que l'art grammatical donne à ses étudians les instrumens par lesquels ils rapportent chaque signe à ses perceptions et à leurs objets : qu'il les exerce à leur usage ; et il créera chez eux, une conception bien plus étendue et bien plus sûre, que chez la plupart des hommes, même chez les savans qui manquent de cette clef.

54. Le jugement est la comparaison des perceptions, pour en percevoir la relation et se faire des idées, par le rapport immédiat ou intuitif de deux perceptions ; ou par leur rapport avec une perception ou idée moyenne, ce qu'on nomme raisonnement, argument ou syllogisme. Le créateur a bien allumé dans notre ame, le flambeau de l'évidence ; mais d'après la mécanique de l'entendement humain, à peine l'esprit non développé, peut saisir deux à trois idées à-la-fois : mais l'analyse de la phrase, rendant sensibles toutes les perceptions et les rapports attachés à ses parties et à leurs mots, fournit le moyen de les compter toutes mathématiquement : et son usage suivi, étend la sphère de l'intelligence humaine, à un point merveilleux, dont il serait difficile de tracer les limites.

55. Il est encore de fait que l'esprit

le plus et le mieux développé ne peut saisir à-la-fois plus d'idées, qu'il n'est de doigts aux deux mains ; et ce n'est que par une succession rapide des notions, des idées et des perceptions dans la lecture et le débit d'un discours, qu'on en peut saisir le sens total, par la perception des sens partiels attachés à ses parties, à leurs phrases et à leurs mots : et quel autre moyen peut donner ce talent admirable, que l'analyse du discours ? Si l'on veut se convaincre de sa nécessité, que l'on demande à un littérateur non analyste, les idées qu'il recueille dans une lecture, et même celles qu'il a voulu désigner par ses propres compositions.

56. 4°. Si l'on veut bien se persuader des grands effets des études grammaticales sur l'entendement, l'on se fera aisément une mesure des dispositions naturelles et artificielles, que les jeunes-gens apportent à l'étude des sciences et des arts. Celui qui sera grammairien, concevra aisément et promptement en lisant, ses livres scientifiques, le sens des mots qui sont d'un usage commun et général, et prendra facilement ceux des mots techniques qui seront bien définis : celui qui ne le sera pas, n'entendra qu'une portion plus ou moins grande des mots, en leur don-

nant seulement les sens qu'il y aura attaché d'après l'usage, et qui pourront bien n'être pas ceux qu'ils ont pris dans le livre. Celui-là percevra toutes les idées exprimées par leurs phrases; celui-ci, n'en percevra que des idées isolées, incomplètes et même fausses. Le premier saisira tout l'ensemble de chaque discours, par ses divisions, ses distinctions et par les rapports de syntaxe de toutes ses parties: le second morcelera tout, et ne pourra s'en faire que des notions incomplètes et incohérentes. L'un distinguant les connaissances appartenantes à la discipline qu'il étudie, de leurs moyens de démonstration et des autres purement accessoires, s'attachera principalement aux premières, pour les consigner dans sa mémoire; l'autre mesurant son livre à la toise, fera de grands efforts pour tout apprendre et réciter en perroquet; ce qu'il comprend comme ce qu'il ne comprend pas; enfin, l'étudiant grammairien peut dans un mois se faire plus de notions dans une science, que celui qui ne l'est pas, dans plusieurs années, et quelquefois dans tout le cours de sa vie.

57. Interrogeons maintenant ces deux sortes de sujets, à la sortie d'une leçon ou démonstration publique. Les uns at-

tentifs, réfléchis et analystes, nous rendront toutes les parties de la notion avec plus ou moins d'étendue, de régularité, de précision et d'élégance ; les autres ne nous bégayeront qu'un plus ou moins grand nombre de phrases et de mots détachés, qui les auront frappés, souvent sans les entendre.

58. 5°. Les talens grammaticaux sont de la plus grande nécessité à ceux qui enseignent les sciences et les arts. Quelques matières qu'ils traitent, des esprits neufs en retireront peu de fruits, si elles ne sont rédigées dans l'ordre grammatical le plus régulier et le plus propre à les faire concevoir par l'analyse ; et à les graver dans l'entendement par la synthèse ; si l'ensemble n'en est proportionné aux forces de l'esprit de chaque âge ; si tout n'y est bien divisé et distingué, bien défini, bien développé, bien démontré, bien exprimé.

59. L'on dit avec raison, que nous avons bien peu de bons livres élémentaires. Leur plus grand défaut est le désordre et l'irrégularité. Il est par exemple impossible de faire un mauvais livre de mathématiques, si l'on n'en apprécie le mérite que par les vérités et les erreurs qu'il contiendroit ; mais combien y en a-t-il de faciles

à concevoir, à étudier et à retenir par leur méthode et leur style grammatical?

60. Je ne puis passer sous silence, un vice devenu commun dans l'enseignement, depuis la révolution. Au lieu de s'attacher à l'expression grammaticale, pure, simple et claire des notions à graver dans l'entendement, bien des professeurs cherchent à briller par des fleurs de rhétorique; par les charmes et le clinquant de l'éloquence; par des pensées ingénieuses, extraordinaires et quelquefois fausses. Les auditeurs applaudissent par des battemens de mains et des bravo. Les étudians font *chorus* par leurs cris: mais ils sortent de ce spectacle avec moins de fruit que d'une comédie. L'on ne peut faire un plus grand abus de l'éloquence, que par son usage contre les fonctions et les droits de la grammaire.

61. Terminons l'art grammatical d'organiser l'entendement, par une observation bien importante. Toutes les sciences et tous les arts présentent des difficultés plus ou moins grandes, suivant que leur nomenclature est plus ou moins contraire aux principes de la grammaire. On y trouve des mots techniques insignifians, ou qui présentent des sens étrangers à leurs objets; quelquefois même des idées fausses. C'est à l'art grammatical à faire disparaître ces

difficultés, par la correction de ces nomenclatures, et même par une nomenclature nouvelle pour quelques disciplines. Les naturalistes en ont senti les premiers le besoin: et malgré leurs systèmes contradictoires, ils ont applani l'étude de la nature. L'école du malheureux et immortel Lavoisier a substitué une nouvelle nomenclature chimique à l'ancienne : et la lumière qu'elle a répandue par son moyen sur cette partie de la physique, ne contribuera peut être pas moins à sa gloire, que sa nouvelle théorie et ses innombrables découvertes: et cette nomenclature serait encore plus lumineuse, si ses auteurs s'étaient plus astreints aux règles de la synthèse grammaticale. Une nouvelle nomenclature a pareillement jeté un grand jour sur l'étude et la dissection des muscles. Heureusement la nomenclature grammaticale, l'une des moins défectueuses, n'a besoin que de quelques corrections et additions.

62. IV. Il nous faut maintenant considérer les usages des talens grammaticaux, pour les fonctions civiles. Ce que nous avons dit de leurs effets, doit les faire pressentir. Faisons-en des applications générales, au simple citoyen, au jurisconsulte, au législateur, au politique.

63. 1°. C'est par les conversations et

les lettres, que tous les citoyens goûtent les charmes les plus délicieux de la société ; prennent part aux fêtes particulières et publiques, et discutent leurs droits. Par des sous-seings et différentes espèces de billets, ils assurent leurs intérêts, déterminent leurs obligations, et s'en libèrent. Par des pétitions et des mémoires, ils réclament des sommes et des droits, des administrateurs et des magistrats. Par des mémoires à consulter, ils requèrent les lumières dont ils ont besoin des savans dans les différentes professions. Par des plans, ils mettent des artistes et des ouvriers à leurs ordres. Tous ces différens discours n'ont presque jamais besoin d'éloquence, ni de poésie ; pas même quelquefois de logique. L'ordre, la régularité, l'exactitude, la correction et la clarté que la grammaire donne, en font le premier, pour ne pas dire le seul mérite. Les formalités auxquelles les lois assujétissent quelques-uns, ne tendent qu'à en assurer l'authenticité et le sens. Le citoyen est donc d'autant plus habile citoyen, qu'il est plus habile grammairien.

64. Dans quels détails il me faudrait entrer, si je voulais suivre les effets et les usages des talens grammaticaux, dans le commerce, et les professions scientifiques et méca-

niques! mais ces généralités peuvent les rappeler à l'esprit de ceux qui les cultivent.

65. 2°. Dans leur inhabileté, les citoyens ont recours aux hommes de loi: N'ont-ils pas encore besoin de la grammaire, pour leur exposer le véritable état de leurs questions ; et leur fournir les vrais moyens de les résoudre ? mais ces gens de loi ont-ils eux-mêmes tous les talens grammaticaux nécessaires pour les éclairer, discuter leurs droits et juger leurs différens ?

66. Les notaires sont à-la-fois des procureurs et des juges nés et bénévoles des citoyens : et tous leurs actes sont des productions purement grammaticales. Ils doivent donc posséder au suprême degré, les connaissances et les talens de l'art grammatical ; pour éclairer leurs cliens sur leurs prétentions et leurs titres ; et sur les lois et les usages ; et pour rédiger leurs conventions. Combien s'en trouve-t-il pourtant, qui s'attachant plus aux formalités et aux routines du protocole, qu'aux règles grammaticales, font de leurs actes des germes de prétentions et de procès ? Allez au barreau, entendre discuter des questions de droit : et vous y verrez souvent les avocats se débattre grammaticalement, sur

les expressions incomplètes, obscures et équivoques des actes notariés; comme des autres titres.

67. Mais la plus exacte probité, le jugement le plus sain, les titres le plus clairement rédigés, n'exemptent pas toujours les citoyens de paraître dans les tribunaux: et c'est principalement des talens grammaticaux de leurs représentans, qu'ils doivent espérer le succès de leurs attaques, ou de leurs défenses : mais souvent dès le premier pas, un huissier illettré expose si mal la question, que toute la procédure devient vicieuse, et quelquefois nulle.

68. Toujours deux propositions contradictoires trouvent des défenseurs dans les avocats. Est-ce parce que tous n'ont pas cette probité et cette délicatesse, que la noblesse de leur profession annonce? Non : mais parce que chacun se fait, par la grammaire qui lui est propre, une idée différente de la question et de ses moyens. Aussi voyons-nous que les débats de deux adversaires roulent le plus souvent sur des points grammaticaux. C'est principalement en se formant par la pratique, un ordre grammatical pour toutes les questions, que les jurisconsultes acquèrent ce talent d'improviser, qu'on admire dans les consultations et les plaidoyers de ceux

qui sont vraiment orateurs ; mais ce cadre ne suffit pas : il faut qu'ils possèdent les vrais talens grammaticaux, pour présenter la cause avec précision aux juges ; et faire disparaître l'illusion, qu'un avocat subtil, sophistique ou bavard, fait souvent.

69. Les mêmes connaissances et la même sagacité, sont requises dans les juges, qui suivant la maxime, doivent juger d'après ce qui a été allégué par la grammaire et prouvé par la logique, *secundum allegata* et *probata* : mais j'invoque ici le témoignage des juges aussi habiles que probes ; pour nous dire si la diversité des opinions dans les délibérations, n'a pas souvent pour objets, le sens de la question et des moyens. Le prononcé doit passer ensuite de l'entendement de chaque délibérant, dans celui du président ; de celui-ci, dans celui du greffier, sur le plumitif ; et dans celui du rédacteur. C'est à la grammaire à le suivre dans ce long trajet, pour en assurer la fidélité : mais combien de jugemens ne répondent point à toutes les parties de la question, des moyens et des lois ; et qui quelquefois n'y répondent point du tout !

70. 3°. L'expression des lois, est un ouvrage purement grammatical : le plus grand abus qui peut-être ait jamais été fait de

l'ignorance et de l'inhabileté grammaticales, se trouve dans ce cahos immense de lois obscures, contradictoires et quelquefois inintelligibles, créées par tant de législateurs illettrés; prononcées par des présidens quelquefois plus causeurs qu'orateurs; et rédigées par des secrétaires quelquefois plus habiles à tracer des caractères qu'à rédiger des phrases : et combien la guillotine a-t-elle abattu de têtes, pour de prétendus délits mal caractérisés dans des dénonciations, des accusations et des jugemens?

71. Mais que l'on soumette à l'analyse grammaticale, les lois sorties de cabinets moins nombreux et plus instruits : et, l'on y en trouvera trop souvent qui sont empreintes de vices grammaticaux. Montesquieu l'a remarqué dans son *Esprit des lois*; il en aurait pu faire un article important.

72. 4°. La science si négligée de la grammaire peut encore produire de bien plus grands fruits, et son ignorance ou son abus, de bien plus grands maux, dans la confection et la rédaction des actes de la politique. Les traités équitables de diplomatique bien rédigés assurent la paix entre les nations contractantes : un vice de grammaire, un seul mot équivoque de-

vient le motif ou le prétexte de guerres sanglantes.

73. Après la fameuse guerre de sept ans, Louis XV donna la paix au congrès d'Aix-la-Chapelle en 1748, non en négociant qui marchande, mais en roi généreux, dirent ses plénipotentiaires : mais un équivoque qui se glissa dans le traité sur l'Acadie, fut pour les Anglais, un prétexte de la guerre, qui fut terminée par le malheureux traité de 1763 ; et il a été une semence de celles qui l'ont suivie.

74. Sous Jacques I roi d'Angleterre en 1605, un membre du parlement reçut une lettre anonyme, qui l'avertissait de ne point se trouver tel jour au parlement, dans la crainte d'un danger comparé à la lecture de la lettre, par une expression équivoque propre à la langue anglaise. La lettre fut portée au conseil du roi ; les membres s'en mocquèrent : mais le roi, meilleur grammairien, découvrit que la durée du danger devait être celle de la lecture de la lettre. Il en conclut que ce ne pouvait être que de l'artifice. L'on fit fouiller dans les souterrains des salles du parlement : et l'on y trouva en effet une grande quantité d'artifice : et la grammaire sauva le roi et le parlement, de l'horrible machination de la fameuse *Conspiration des poudres*.

75. Un général d'armée me recommandait un jour, de bien exercer mes éléves, à répéter littéralement et exactement des phrases de vive-voix; en alléguant que l'inattention de jeunes officiers à bien rendre les ordres qu'on leur fait porter, était souvent suivie de très-grands malheurs. Et en effet, quels désordres et quels maux ne doivent point occasionner, des ordres mal exprimés par des commandans, ou mal rendus par des subalternes! Mais aussi quels bons effets doivent produire sur une armée, sur un camp, sur un ennemi même, des discours succints et bien construits, par un général aussi habile dans l'art oratoire, que dans l'art militaire!

76. Enfin c'est par la parole et les écrits que se font toutes les opérations civiles, qui entretiennent la vie sociale. La grammaire est donc à la législation, à la jurisprudence, et même au commerce de la vie, ce que la pharmacie est à la médecine.

77. J'en ai dit assez, ce me semble, pour faire du moins entrevoir les grands effets et les grands usages de la grammaire pour apprendre toutes les langues; pour manifester ses pensées; pour se former le plus riche et le plus parfait entendement; et pour jouer

le meilleur rôle dans la société. Mais on ne peut espérer tous ces avantages que d'une grammaire complète, simplifiée, et certaine. Il nous faut maintenant faire la recherche des moyens qui peuvent procurer ces avantages à cet art créateur et régulateur de l'homme naturel et social.

DEUXIÈME PARTIE.

Du complétement, de la simplification et de la réformation de la grammaire générale.

78. LES anciens avaient laissé la plupart des sciences et des arts, dans des bornes trop étroites, avec de grandes imperfections, de fausses théories et de mauvais procédés: mais en étudiant leurs objets par l'observation et l'expérience, et en les soumettant à l'analyse et à la synthèse; les modernes en ont refondu ou créé plusieurs. Depuis trois siècles l'histoire naturelle et l'anatomie rectifiées ont pris annuellement des accroissemens considérables qui en annoncent de merveilleux. Depuis deux siècles, la physique générale, la mécanique, la chimie, la physiologie, en ont fait qui ont relégué les anciennes

dans les ténèbres de l'oubli. Ce n'est même que depuis vingt-cinq ans environ, que les chimistes, en observant et analysant les opérations et les productions de la nature dans tous ses immenses laboratoires, ont découvert ses secrets, et les ont décrits par une nouvelle théorie lumineuse. Ce n'est que dans le dix-huitième et dernier siècle, que Locke, Condillac et Bonnet, en analysant l'entendement humain, ont dissipé l'ancienne métaphysique de l'ame; et ont créé une méthode analytique et générale pour l'étude et le perfectionnement de toutes les sciences. L'art et science de la grammaire serait-elle une de ces disciplines, que les anciens n'auraient qu'ébauchée sur un plan défectueux? et qui aurait besoin d'être complétée, simplifiée et réformée par l'observation, l'analyse et la synthèse?

79. Pour résoudre cette question, analysons l'objet de la grammaire dans l'ordre naturel. Examinons successivement l'art de former les signes grammaticaux, celui de classer et varier les mots suivant les espèces et les variétés des pensées; celui d'exprimer ses idées par des phrases; celui de caractériser les perceptions des objets par des mots; celui de manifester ses notions par des discours; celui de gra-

ver les matériaux d'une langue ou le dictionnaire dans l'entendement; celui enfin de faire succéder toutes les théories et les pratiques grammaticales, par des méthodes naturelles, analytiques et synthétiques; pour les enseigner avec le plus de facilité, de promptitude et de perfection, que le permettent les faibles facultés de l'esprit.

80. I. La grammaire tire les signes des pensées, de la voix, du geste et de l'écriture. Leur formation est donc le premier objet de son enseignement et de son étude; mais un préjugé général en ferme encore l'entrée. On regarde ces fonctions comme établies par la nature: et l'on songe peu à mettre l'art et l'industrie nécessaires dans leur développement. Mais nous pouvons démontrer par les loix de la nature humaine et par l'expérience, que les nerfs, les organes de la sensibilité, sont originairement insensibles, et n'acquèrent une sensibilité exquise que par des irritations suivies pendant bien des années; que les actions des muscles, les organes du mouvement, sont originairement spontanées; et que ceux des membres n'en soumettent les mouvemens aux ordres de l'ame, avec régularité, que par une longue suite d'actes répétés. Ce sont là les premiers princi-

pes dont il faut partir, pour créer l'art des signes grammaticaux, auquel on a donné le titre si mesquin de petite grammaire ; et pour en régler les exercices,

81. L'on borne communément cet art, à la lecture et à l'écriture: mais les anciens avaient reconnu la nécessité de développer et de régler la voix ; et en avaient fait l'objet d'un art qu'ils désignaient sous le titre de phonascie. La prosodie, ou l'art de développer et régler la parole a aussi ses principes et ses exercices propres. Viennent ensuite la lecture et les gestes, l'écriture et l'orthographe. Voilà donc six arts que la petite grammaire doit revendiquer au nom de la nature et de nos besoins.

82. 1°. Les musiciens sont encore dans le préjugé, que l'homme chante naturellement : et l'expérience journalière démontre, que tous les hommes ont une voix fausse, très-bornée et réfractaire, jusqu'à ce qu'elle ait été développée par l'usage et l'art du chant. C'est donc à la phonascie à en développer tous les talens et toutes les qualités, pour la parole, la déclamation et le chant. Par les exercices industrieux de l'intonation, de la mesure et même des accompagnemens, elle peut rendre toutes les voix justes, flexibles, sonores, étendues jusqu'à la double octave, prévenir

les vices que donne l'usage routinier; et même empêcher que la voix ne mue dans la puberté. L'on ne se sert communément, pour développer la voix, que de celle passagère d'un maître: mais chacun peut se faire et avoir toujours sous la main des modèles justes et commodes, dans un monocorde et un chronomètre; et par leur moyen étudier seul autant qu'il est nécessaire. L'usage des signes usités dans la musique forme une des grandes difficultés dans l'étude de cet art: mais la phonascie peut s'en faire de prosodiques et mathématiques, qui donnent à son enseignement une forme aussi facile que celles des autres arts grammaticaux.

83. 2°. La prosodie est l'art de débiter un discours dans toutes ses parties, leurs phrases, leurs mots et leurs syllabes, par tous les sons, articulations et diphthongues, intonations ou accens, repos ou cadences, et mouvemens convenables. Cet art tire tous ses principes de la mécanique des organes de la voix et de la parole: et cependant il demeure encore uni à la lecture, qui ne reçoit les siens que de l'usage. Il en résulte qu'il demeure sans principes et sans règles, dévoué aux routines; et que toutes les personnes, même les plus instruites, contractent et conservent toute leur

leur vie des vices de prononciation, qu'on attribue mal-à-propos à l'organisation. La prosodie est donc encore à créer, pour être enseignée séparément.

84. 3°. La lecture des langues mortes est assez indifférente, puisque les sens de leurs mots ne sont plus attachés qu'à leurs caractères : mais celle des langues vivantes est si nécessaire, qu'un discours mal lu est plus ou moins inintelligible : et sa difficulté est en raison du moins de correspondance, que l'usage a mise entre les inflexions de voix et les caractères.

85. La lecture régulière et agréable des discours français est une des plus compliquées, par les différens sons que l'usage a donnés à chacune des lettres, suivant leurs caractères serviles, leur réunion dans les syllabes, les mots, les phrases et le discours soutenu ou familier ; et par les inflexions de voix correspondantes aux notes de ponctuation : les différentes valeurs des caractères montent à plusieurs milliers dans les syllabes seules. On trouve la théorie de la lecture dans quelques petits livres qui donnent de bonnes règles ; mais insuffisantes ; mais la pratique en est presque abandonnée aux routines : et l'on entend peu de personnes lire correctement. L'analyse de l'immense complica-

tion des sons attachés aux caractères dans la langue française peut seule établir l'art de bien lire.

86. La vraie prononciation du latin est perdue : chaque peuple le prononce différemment : mais la quantité des syllabes leur est demeurée commune : et son inobservance sur l'avant-dernière de chaque mot, blesse les oreilles des bons latinistes. Cependant, ce n'est qu'après plusieurs années d'étude, que l'on songe à faire connaître et observer la quantité latine par la versification. Rien pourtant de plus facile que d'y former les étudians dès le commencement, en leur en donnant les règles générales et matérielles, qui sont peu nombreuses ; et en marquant l'avant-dernière syllabe longue de chaque mot, d'un accent aigu, comme le faisaient les anciens Latins.

87. 4°. Chacun est porté naturellement à accompagner la parole de gestes : cependant les grammairiens modernes ne songent pas à les déterminer et à les régler : et l'on reconnaît encore dans nos orateurs, les vices de gesticulation que Racine et Sanlèque ont reprochés à ceux de leur tems. Nous avons donc cru rendre service, en faisant entrer dans notre petite grammaire, un geste purement grammatical,

qui en réglant le maintien du corps, déterminât les mouvemens des bras qui doivent correspondre aux différentes intonations et cadences du discours, marquées par les notes de ponctuation : et cet art simple et facile a opéré de grands effets sur les enfans mêmes.

88. 5°. L'écriture est un des objets de la petite grammaire : cependant l'enseignement en est abandonné à des maîtres écrivains ; mais ceux-ci se bornent à bien faire tracer les caractères de leurs différens genres d'écriture : et l'on voit sortir de leurs classes, des jeunes-gens qui avec une belle main, ne savent pas distribuer un discours sur le papier ; et qui même n'ont pas le talent de copier, le plus mince des talens grammaticaux. Les grammairiens doivent donc revendiquer l'écriture. Ils peuvent bien borner les étudians à l'usage de l'expédiée ou coulée ; mais ils doivent exiger d'eux, une correction aussi exacte que celle des artistes de l'imprimerie.

89. 6°. L'observance de la correspondance établie par l'usage entre les caractères et les inflexions de voix d'un discours, est l'objet de l'orthographe. On ne l'enseigne que par la grande grammaire, et avec tant de négligence, que

bien des jeunes-gens sortent de leurs études, sans la savoir. Il est donc nécessaire d'en faire commencer l'étude et l'habitude dans la petite, par une méthode qui fixe l'attention sur les caractères; qui doivent entrer dans toutes les syllabes, les mots, les phrases et les parties du discours; afin que ces règles se présentent spontanément à la réminiscence, à mesure que l'on écrit.

90. L'analyse peut merveilleusement simplifier la théorie et la pratique de ces six arts; et comme ils ont presque les mêmes objets et les mêmes principes, la synthèse peut les combiner de manière à les faire marcher ensemble, et à se prêter de mutuels secours. Non-seulement leurs exercices donnent des talens nécessaires et agréables, mais encore ils ébauchent merveilleusement les fonctions intellectuelles, pour les études suivantes; et portent des influences salubres sur l'organisation.

91. II. L'on commence communément l'étude de la grande grammaire, par la classification et la variation des mots, qui en sont en effet la base: mais l'on n'en a point cherché les raisons, et cette partie présente encore une complication très-confuse dans toutes les grammaires.

92. Les mots sont d'une nature différente, suivant les pensées mêmes qu'ils expriment. Pour désigner leurs propriétés absolues et relatives, les auteurs des plus anciennes langues, ne se sont guères servis que de leur construction ; et de signes ou de mots ajoutés, qui en sont devenus les auxiliaires. Ces deux moyens sont encore les principaux dans quelques langues des plus anciennes, comme l'allemand et l'anglais ; mais les Grecs ayant donné plus d'étendue aux propriétés des mots, ont réuni les auxiliaires, qui les désignent en terminaisons ; dont chaque partie ou racine a son sens et son usage. Le systême de leurs variations est devenu plus étendu : les Latins les ont imités. Les peuples venus du nord, qui ont formé les langues modernes, de leurs anciens idiômes et du latin, ont joint leurs auxiliaires aux terminaisons latines, et ont formé des systêmes de variation encore plus compliqués ; mais d'après ces observations, l'analyse peut les réduire à leur simplicité primitive. On n'en reconnaît que de deux sortes : les déclinaisons et les conjugaisons ; mais il faut leur ajouter les graduations des mots de qualité.

93. 1°. Les distinctions et les définitions des mots, donnent les premiers prin-

cipes du langage, dont dérivent les règles de syntaxe et toute la théorie de la grammaire : cependant, les grammairiens en ayant tiré les caractères des objets qu'ils signifient, ne se sont point accordés sur ces bases : et les systêmes qu'ils en ont donnés, les ont conduits à des idées et à des notions compliquées, incohérentes et disparates : mais en distinguant et définissant les mots par leurs propriétés ou leurs usages désignés par leurs parties, on trouve qu'ils se distribuent tous en huit classes : le terme, le verbe, le participe et le relatif, qui sont variables ; la préposition, la conjonction, l'interjection et l'adverbe, qui sont invariables. Leurs divisions et subdivisions établies d'après le même principe, donnent un systême général, qui se trouve dans toutes les langues ; parce que c'est un produit immédiat de l'esprit humain.

94. 2°. Il serait avantageux de commencer l'étude des variations des mots, par celles des verbes et de leurs participes ; parce que conjugués avec leurs sujets, ils forment des phrases simples, très-intelligibles. Ils ne varient en grec et en latin, que par leurs terminaisons, et le verbe substantif joint à leurs participes.

95. Les grammairiens latins ne recon-

naissent que quatre conjugaisons : mais il y en a réellement cinq : plus de 400 verbes en *ere*, *io*, *is*, forment la cinquième. Les différences de leurs variations montent à plus de 600 : et l'on emploie souvent plus d'un an, à graver cette immense complication dans l'esprit des enfans; mais l'analyse en décomposant les terminaisons, les réduit à une trentaine de racines, qui chacune a son sens et son usage : elle réduit ainsi toutes les conjugaisons à une seule, qui dans une séance peut être connue, apprise et reconnue dans tous les verbes. En effet, les terminaisons verbales sont composées de trois racines; dont la première marque l'affirmation et la conjugaison du verbe, et que nous nommons pour cela sa figurative; la seconde, le mœuf et le tems dans toutes les voix; et la troisième, le nombre et la personne, en chaque voix active et passive.

96. Les conjugaisons des verbes en français, sont plus compliquées qu'en toute autre langue : mais l'analyse peut encore les réduire à un petit nombre d'élémens. Le plus communément on en reconnaît quatre des verbes actifs réguliers; mais il n'y en a que trois. Le petit nombre des verbes en *oir*, dont on fait la qua-

trième, sont tous irréguliers ; et ces trois peuvent être réduites à une seule, comme les latines, par l'analyse de leurs terminaisons en trois racines. L'on ne trouve dans les grammaires françaises pour auxiliaires, que les verbes *être* et *avoir* : il faut leur ajouter les quatre suivans : *aller*, *venir de*, *devoir* et *pouvoir* ; mais ces derniers ne sont auxiliaires, qu'à quelques tems.

97. 3°. Les déclinaisons des termes, c'est-à-dire des noms, des pronoms, des participes et des relatifs, marquent leurs rapports avec les verbes et les autres mots: et elles se font en grec et en latin par des terminaisons.

98. Les terminaisons des termes latins, sont de vrais articles composés de deux racines, dont la première marque le genre et la déclinaison : et la seconde, le nombre et le cas. Cette analyse donne l'intelligence des déclinaisons et soulage la mémoire.

99. Dans les langues modernes de l'Europe, les déclinaisons sont formées de signes des cas, et d'un plus ou moins grand nombre d'articles : mais leurs réunions sont si figurées en français, que les grammairiens n'en ont point encore donné un vrai tableau ; et que les per-

sonnes instruites, même des écrivains, font des fautes révoltantes dans leur emploi ; mais il n'est point de difficultés insurmontables à l'analyse : elle démontre dans la langue française six déclinaisons : l'une, avec les seules marques des cas ; et les cinq autres, avec ces mêmes signes et chacun de cinq articles, bien distincts par leurs sens et leurs usages.

100. 4°. L'analyse découvre dans toutes les langues, cinq sortes de graduations des mots de qualité, qui sont essentielles au langage, savoir : celles des noms substantifs de qualité, de tous les noms adjectifs, de tous les verbes, de leurs parcipes et des adverbes de qualité. En chacune elle distingue onze degrés de qualité : un positif ; cinq modificatifs, un de médiocrité, deux d'augmentation et de diminution, et deux de priorité et de postériorité ; nommés superlatifs absolus d'excès et de défaut : et cinq comparatifs ; l'un d'égalité, deux de supériorité et d'infériorité, et deux superlatifs relatifs d'excès et de défaut. Ces 55 degrés de qualité sont distingués dans toutes les langues, par des adverbes auxiliaires. Ils le sont encore en grec et en latin, par des racines finales et initiales ; et dans quelques-unes encore par d'autres moyens.

101. 5°. Les mots invariables ont aussi leurs propriétés, d'après lesquelles ils se rapportent aux mots variables : et il est essentiel d'en compléter le tableau, qui n'a encore été que mal esquissé.

102. L'ensemble des espèces de mots et de leurs variations forme le squelète de la grammaire : et il doit être gravé profondément dans la mémoire, pour l'intelligence et la composition des trois touts grammaticaux.

103. III. Passons avec les grammairiens, à la phrase, qui est l'expression d'une idée. Il s'y présente sept objets à analyser et à décrire : ses parties, leurs propriétés, sa syntaxe, ses sens, son style, ses espèces, et les opérations grammaticales dont elle est susceptible.

104. La phrase la plus composée peut se diviser en parties immédiates, qu'on a distinguées par les noms de phrases principale et incidente : l'une et l'autre en parties intégrantes, qui en sont les membres : chaque membre en sept parties générales, dont cinq principales, que nous désignons par les noms de conjonctif, sujet, propositif, attribut principal et adjonctif : et deux accesssoires, qui se joignent à chacune des principales : et qui sont des attributs accessoires et des objets di-

rects, indirects et accidentels. Enfin chacune des parties générales se divise en mots, que nous nommons pour cela les parties spéciales de la phrase. Il n'est dans aucune langue, aucune espèce de phrase qu'on ne puisse analyser et construire dans cet ordre, avec facilité : et faute de cette formule, les grammairiens regardent comme une des opérations les plus difficiles, de faire la construction des phrases latines.

105. 2°. Les propriétés de la phrase sont les sens et les rapports de toutes ses parties. Elles sont exprimées par leur construction, les variations de ses mots, ses notes de ponctuation, et les inflexions de voix qui y correspondent. Les grammairiens n'ayant point étendu leurs regards au-delà des variations, n'ont pu qu'entrevoir les propriétés de la phrase.

106. 3°. La syntaxe de la phrase est l'union de toutes ses parties, suivant leurs rapports de concordance et de régime; d'après les rapports des idées partielles, que son idée totale renferme; et d'après ceux des perceptions exprimées par ses mots. Toute concordance est essentiellement composée d'un sujet, d'un attribut et d'un lien ou copule. Tout régime est pareillement composé de trois parties :

un recteur, un objet et une copule, qui fait rapporter celui-ci au recteur : et l'objet est direct, lorsqu'il est régi par un verbe ou un participe actifs ou passifs ; indirect, par un mot dont le sens est relatif ; et accidentel, lorsqu'il l'est par la volonté seule de celui qui parle. Ces deux sortes de rapports sont dans l'entendement humain, et par conséquent dans la science du langage et dans toutes les langues. Ce n'est pourtant pas la notion qu'on en trouve dans les grammaires. Leur syntaxe comprend bien des choses qui lui sont étrangères ; et ne donne que peu de règles qui lui appartiennent. Quelques grammairiens même ont cru se faire un mérite de les réduire à dix ou à moins : mais le nombre en est mathématiquement réglé par celui des parties de la phrase, et par celui de leurs propriétés ou variations relatives.

107. 4°. Le sens de chaque phrase est une idée simple, ou plus ou moins complexe, ou plus ou moins composée. Les sens de ses parties immédiates, de leurs membres et des parties générales de ceux-ci sont autant d'idées partielles de l'idée totale : mais les sens de leurs mots ne sont que des perceptions. Chacune de ces idées et de ces perceptions a par elle-même un sens principal et absolu ; et des sens rela-

tifs, qu'elles prennent dans leur union. C'est une analyse et une synthèse à faire, pour concevoir ou construire une idée, au moyen d'une phrase : et cependant on ne trouve dans aucune grammaire, ces notions nécessaires à l'art de penser et de parler. Elles apprennent donc à peindre sans modèles.

108. 5°. Chaque phrase a son style ou sa forme de composition : et sous ce point de vue, elle est régulière, figurée ou vicieuse.

109. Les figures de la phrase tombent sur la syntaxe ou sur les sens de ses parties. Les principales figures de syntaxe sont l'inversion ou changement d'ordre, l'ellipse ou suppression, le pléonasme ou surabondance, et les idiotismes, ou expressions étrangères. Les figures sont des ressorts cachés de la syntaxe. On doit les rendre sensibles, pour en voir l'action : cependant il n'en est point question dans la plupart des grammaires.

110. Les figures de sens nommées tropes, sont la métaphore, l'ironie, la catachrèse, l'exténuation, l'exagération ou hyperbole, la synecdoche, la métonymie, l'antonomase et l'allusion. Ce sont autant de sens différens que prennent les mots dans la phrase : et neanmoins les

grammairiens en ont abandonné la connaissance aux rhéteurs.

111. Les vices de la phrase à éviter et à corriger sont les vices des mots ou de diction, le solécisme ou faute contre les règles de la syntaxe, la fausse construction, l'abus des figures et les vices des sens. Ceux-ci sont les mots et expressions vides de sens, l'obscurité, l'équivoque ou amphibologie, le sens incomplet, le faux sens ou contresens, la contradiction ou absurdité, etc. Les grammairiens ne décrivent point ces vices : et les étudians ne peuvent voir ces écueils, que dans un lointain où ils échappent à leur légère attention.

112. 6°. Pour bien entendre et composer les phrases, il faut les distinguer à raison de leurs parties, en simples, complexes et composées ; à raison de leurs sujets, en générales, indéfinies, particulières et singulières ; à raison de leurs formes générales, en affirmatives et négatives ; à raison de leurs formes particulières, en impératives, interrogatives, explicatives, admiratives, desidératives. On ne trouve de ces distinctions que dans les grammaires générales : mais celles-ci ne considèrent les phrases que d'une manière adsolue, sans voir ce qu'elles deviennent

les unes par rapport aux autres dans le discours.

113. 7°. Les grammairiens bornent les opérations de leur art, à une analyse grossière des phrases en leurs mots, et à leur traduction : et ces opérations, ils les abandonnent aux routines et au goût du maître : mais elles sont plus nombreuses et demandent plus d'art. Pour bien entendre et construire toutes sortes de phrases, il faut savoir les décomposer en toutes leurs parties, et décrire celles-ci ; analyser toutes les idées qu'elles peuvent désigner ; en composer sur des sujets donnés ; les tourner en d'autres, qui ayent le même sens ; les traduire ; enfin les vérifier, critiquer et corriger. Ces opérations ne sont point, il est vrai, soumises à des règles particulières : mais chacune doit avoir sa formule, qui dirige l'étudiant, soutienne son attention, et lui rappelle les règles qu'il doit suivre.

114. IV. Autour de la phrase, les grammairiens ont planté les bornes de leur art : mais l'analyse les arrache, pour les transporter bien au-delà. Il n'est pas possible d'entendre et de composer une phrase, si l'on ne connaît le sens des mots qui en sont les matériaux. Cette conception est l'objet de la nomenclature.

les mots composés de racines, qui étaient originairement des mots, sont réellement des portions de phrases. L'analyse doit donc rechercher sur ce tout, les sept mêmes objets que sur la phrase.

115. 1°. Le mot variable se divise en deux portions ou racines immédiates et intégrantes : sa terminaison, par laquelle il appartient à la phrase ; et son corps, qui appartient en propre au mot, et en fait le signe d'une perception. Les mots invariables n'ont que le corps, ou tout au plus une terminaison invariable.

116. Le corps des mots variables ou invariables les plus composés, se résout en trois portions ou racines générales : l'une, qui se trouve au milieu, et qu'on peut appeler la racine médiale ou le thème du mot ; l'autre finale, et l'autre initiale. Parmi ces racines, il s'en trouve encore de composées ; et l'on doit les subdiviser, jusqu'à ce que l'on soit arrivé à des racines indivisibles, qu'on peut appeler les parties spéciales du mot. Entre les racines on trouve souvent des lettres voyelles ou consonnes insignifiantes ; qui ne s'y sont introduites, que pour adoucir la prononciation du mot : et qu'on peut nommer pour cela euphoniques ou par-

ties accessoires des mots. Les grammairiens, les étymologistes mêmes n'ont qu'entrevu cette texture des mots. Ils s'accordent même assez à regarder les mots les plus simples d'une langue, comme ses racines, quoique la plupart soient composés : et cette erreur a fermé l'entrée de la nomenclature.

117. 2°. Les racines des mots ayant été originairement des mots distincts, elles doivent se classer d'après leur usage, comme les mots mêmes. Elles ont les mêmes propriétés : mais comme elles sont invariables, leurs propriétés n'y sont déterminées que par leur construction ou leur rang.

118 3°. Les racines se sont réunies en mots, d'après leurs rapports de concordance et de régime, marqués par leur construction : et le nombre des règles de cette syntaxe radicale est déterminé par celui des racines, qui peuvent entrer dans un mot.

119. Suivant cette syntaxe, la terminaison se rapporte toujours par concordance à un nom substantif sous entendu, d'un sens plus général ; que nous nommons pour cela son sujet générique ou subjectif ; la finale au sujet ; la médiale à la finale ; et l'initiale à la médiale ; par

des rapports de concordance ou de régime: mais si l'initiale est une préposition, elle se rapporte à un nom subtantif sous entendu, d'un sens général, qui est l'objet de la médiale : et nous le nommons pour cela l'*objet générique* ou objectif du mot.

120. 5°. Le sens d'un mot composé est toujours le résultat des sens partiels de toutes ses racines ; qui le plus souvent forment ensemble une définition : c'est le sens principal et primitif du mot : mais de ce sens l'usage a dérivé un plus ou moins grand nombre de sens secondaires, par les applications du mot à différens objets.

121. L'on est encore si peu avancé dans la connaissance des sens des mots, qu'on les confond avec leur signification ; qui est la raison par laquelle on a attaché les sens aux mots; et à chacune de leurs racines. L'analyse en distingue différentes espèces, dont la principale est la représentation de l'objet du mot par le son qu'il rend : et c'est cette signification, que l'on désigne par le mot onomatopée.

122. Les racines des mots formant une portion de phrase, le mot doit avoir son style comme elle. En effet l'on y trouve beaucoup de figures d'orthographe; des suppressions, des mutations et des

transpositions de lettres : mais l'on y trouve peu de figures de syntaxe et de sens ; et presque seulement quelques inversions, ellipses et métaphores : mais chacune de ces figures a sa raison ; et ne doit pas être jugée au hasard.

123. L'on trouve même aussi dans quelques mots, de vrais vices de diction, de construction et de syntaxe : mais lorsqu'ils sont autorisés par un long usage, ils rentrent dans la classe des figures.

124. 6°. Les mots considérés en eux-mêmes hors de la phrase, doivent se distinguer en simples ou radicaux, dont d'autres sont dérivés ; en dérivés, formés des radicaux, par l'addition de racines finales et initiales ; et en composés, formés de deux mots radicaux ou dérivés, qui sont usités seuls. A raison de leur fabrication, ils sont bien ou mal construits : à raison de leur origine, indigènes ou exotiques ; à raison de leur usage, usités ou inusités ; usuels, nouveaux ou surannés, familiers ou techniques ; à raison de leur sens, simples ou compliqués, absolus ou relatifs ; congenères, synonimes, homonymes ou opposés, honnêtes ou obscènes, de sens certain ou incertain ; à raison de leur emploi, prosaïques ou poétiques, etc.

125. 7°. Les mots pris un à un sont susceptibles d'opérations, analogues à celles qui se doivent faire sur la phrase. Le plus sûr moyen d'en découvrir le sens, est de les analyser en leurs racines : mais si l'on n'y trouve pas les racines dans la langue, le mot est exotique ; il faut chercher celui dont il est dérivé, et ses racines dans les langues-mères. Souvent il faut remonter jusqu'aux langues les plus anciennes, quelquefois même jusqu'à la langue primitive. De là deux sortes d'analyses du mot : celle des mots indigènes, qui appartient à la grammaire particulière ; et celle des mots exotiques, appartenante à la grammaire générale ; et qui constitue l'art des étymologies : mais pour l'une et l'autre, il faut avoir des listes des racines avec leurs sens. Pour apprendre facilement les mots d'une langue, il faut connaître leurs dérivations des radicaux. Chaque espèce de ceux-ci produit des dérivés, en attirant plus particulièrement certaines racines finales et initiales que d'autres : et l'on peut faire un système des dérivations des mots analogue à celui de leurs variations ; qui serait aussi utile et commode, pour la nomenclature, que celui-là, pour la phrase. Souvent on se trouve dans le besoin de composer de

nouveaux mots par la synthèse : plus souvent encore il est nécessaire de les tourner en d'autres ou en périphrases. Ceux qui étudient plusieurs langues doivent apprendre à les traduire. Enfin il faut savoir les critiquer, vérifier et corriger après toutes ces opérations.

126 Ce plan analytique de la nomenclature complétée, simplifiée et réformée, y appelle toutes les découvertes faites dans la lexicologie, et assigne à chacune, sa vraie place. Il donne le moyen d'exploiter ces minières que les étymologistes ont en quelque sorte créées par leurs systèmes ; mais où les métaux se trouvent amoncelés avec confusion dans des tas énormes de scories : et cet art est nécessaire pour faciliter l'étude des langues, les perfectionner et les conserver dans leur pureté.

127. Les défauts de la nomenclature font quelquefois tomber les écrivains dans des fautes grossières contre la propriété des mots. Par ex. Cicéron ayant dit *sol oculus mundi ;* des écrivains du plus grand nom ont traduit : *le soleil est l'œil du monde.* On lit dans un de nos célèbres poëtes, ce vers extravagant : *Dans ces beaux lieux qu'éclaire l'œil du monde.* L'analyse étymologique apprend que *oculus* a, comme *lumen*, pour sens primitif, *flambeau.*

Et Cicéron l'a pris dans ce sens, par cette belle définition : *Sol oculus mundi, per quem omnes vident ; et omnia videntur. Le soleil est le flambeau du monde, au moyen duquel tous voient et toutes choses sont vues.*

128. L'on doit même attribuer à ce défaut, ces mots mal construits, dont nos savans surchargent les langues modernes ; et les vices nombreux de tous les dictionnaires, sans excepter celui de l'Académie française : et ce sont principalement les mots forgés contre la synthèse grammaticale, qui, pendant la révolution, ont commencé à corrompre la langue française ; et ont menacé de la changer en un idiôme barbare.

129. V. Des phrases isolées ne peuvent pas plus exprimer des notions, que les mots détachés, des idées. Il faut qu'elles s'unissent entre elles, suivant leurs rapports de concordance et de régime ; pour former un discours. Il existe donc dans le langage et dans les langues, une grammaire du discours purement expressif ou grammatical. Voyons si l'analyse nous y fera découvrir les sept objets, qu'elle nous a fait reconnaître dans les phrases et dans les mots.

130. 1°. Le titre de tout discours en est le sujet et le germe : s'il est composé,

le discours se divisera nécessairement en parties immédiates. Autant de questions que l'on tire du titre, autant de parties intégrantes du discours. Chacun de ses membres peut ensuite se subdiviser en parties générales, qui sont principales ou accessoires. Enfin les unes et les autres se subdivisent encore en parties spéciales, dont les dernières sont les phrases. Voilà une analyse des parties du discours bien correspondante et analogue à celle de la phrase et du mot.

131. L'on ne peut composer le discours, sans lui donner quatre parties, qui lui sont essentielles : un titre, une question, la préparation de celle-ci, et sa solution. Six autres peuvent s'y joindre : un exorde, une invocation, une preuve, une réfutation, des digressions ou épisodes, et une péroraison. A chacune des dix parties principales, peuvent se joindre des parties accessoires, analogues aux précédentes; et de plus des préambules, des notes ou scolies, et des transitions.

132. Les parties générales du discours se divisent et se distinguent encore. Ainsi la question peut être simple, complexe ou composée, etc. Sa préparation comprend l'explication de ses termes, leur comparaison et quelquefois des narrations. La

réponse à la question est une simple proposition ou une thèse : et celle-ci est un lemme, un théorême, ou un corollaire. La réfutation consiste essentiellement en objections et en leurs solutions. L'objection en une contradiction, des preuves et des résumés : et sa solution doit sur chacune de ses parties, faire un examen, porter une censure, et appuyer celle-ci de preuves. La censure est ou une concession, ou une supposition, ou une négation, ou une distinction : et chacune a son développement différent. Enfin la péroraison, qui consiste dans un résumé des parties générales, peut y ajouter des corollaires et un compliment.

133. Chacune des parties générales est composée de parties spéciales, qui sont des énonciations, des argumens et des énumérations : et les unes et les autres sont formées de phrases.

134. Les énumérations sont de simples qualifications, des divisions, des distinctions et des définitions.

135. Les argumens se font tous et chacun sur une donnée. Considérés dans leur simple expression grammaticale, ils se rangent en trois classes : le régulier, qui est le syllogisme; les argumens tronqués ou imparfaits; les compliqués : mais ces deux

deux dernières classes ne sont que des syllogismes figurés. Le syllogisme est simple, complexe, composé ou conjonctif: et celui-ci est conditionnel, copulatif ou disjonctif. Les argumens tronqués sont l'argument suspendu, dont la conclusion est sousentendue; l'enthimême qui n'a qu'une proposition dans son antécédent; et l'argument social, le plus usité dans la société, qui ne consiste que dans une proposition liée à sa donnée. Les argumens compliqués sont l'épichérème, la gradation et le dilemme.

136. Les énumérations composées d'énonciations et d'argumens, sont des qualifications composées, des énumérations de parties, des énumérations d'espèces ou distributions d'un genre; des descriptions, des parallèles et des narrations.

137. Toutes ces parties que l'analyse étend au-delà de cette esquisse, sont, sans l'exception d'une seule, d'un usage aussi commun dans les conversations et les lettres, et les autres discours purement grammaticaux, que dans les discours logiques, poétiques et oratoires; et que dans les thèses et les discours académiques. Les ignorans s'y familiarisent par le seul usage, comme les gens instruits par l'usage et la théorie. Toute la différence

vient de ce que ceux-là ne les construisent jamais bien, et que ceux-ci ne les construisent pas toujours fort bien. La grammaire doit donc en donner la théorie ; exercer à les reconnaître dans les bons écrivains ; et à les construire avec régularité dans le discours.

138. Toutes les parties du discours grammatical ont des propriétés absolues et relatives. Celles-ci sont exprimées par leur construction, par des mots relatifs, par des mots qui leur sont communs ; par des notes de ponctuation et les inflexions de voix qui leur répondent ; par leur distribution sur le papier. Ces moyens sont pour les parties du discours, ce que sont les variations des mots pour les parties de la phrase.

139. 3°. Toutes les parties d'un discours s'y unissent entre elles suivant leurs rapports de concordance et de régime, au moyen de leurs variations. Il est donc une syntaxe oratoire pour le discours pris grammaticalement. Elle est analogue à celle de la phrase et à celle des racines du mot : et le nombre de ses régles est encore mathématiquement déterminé par celui des parties oratoires et par celui de leurs variations.

140. 4°. Le sens d'un discours est la

notion d'un objet quelconque, indiqué par son titre. Son sens total résulte des sens partiels de toutes ses parties, qui sont des notions moindres et subordonnées : et les sens total et partiels sont plus ou moins complexes ou composés ; naturels ou figurés, etc.

141. 5°. Le style du discours pris dans sa source grammaticale, consiste et prend ses différences, dans sa régularité et sa correction, ses figures et ses vices.

142. Les figures oratoires du discours grammatical tombent sur sa syntaxe et sur son sens. Les principales de syntaxe sont des inversions, des ellipses et des pléonasmes de ses parties ; des figures de politesse et des idiotismes. Les tropes oratoires sont principalement l'ironie, l'hyperbole et l'allégorie, qui comprend bien des espèces.

143. Les vices oraroires propres au discours grammatical, sont ceux qui tombent immédiatement sur la syntaxe, les sens et les dictions de toutes ses parties ; et de plus : les sophismes grammaticaux.

144. 6°. Tout discours est grammatical : mais les uns sont purement grammaticaux ou bornés à l'expression des pensées ; et les autres sont grammaticaux et

ornés de logique, d'éloquence et de poésie.

145. Le discours grammatical ou considéré grammaticalement est par rapport à ses signes, gesticulé, verbal ou écrit : et le verbal parlé, déclamé, chanté ou mixte : par rapport à ses parties, simple, complexe ou composé : par rapport à son sens, ou son objet, didactique, démonstratif, délibératif, judiciaire ou mixte : par rapport à la forme de la discussion, affirmatif ou tranchant, dubitatif et interrogatif ou socratique.

146. L'on peut ranger en cinq classes, les différentes sortes de discours considérés grammaticalement dans leur usage : les discours familiers ou de société, qui sont les conversations et les lettres ; ceux d'écoles ou littéraires ; ceux des autres corps savans ou académiques ; les civils, les judiciaires, les politiques et les religieux.

147. 7°. Les opérations grammaticales à faire sur toutes les espèces de discours, sont leur analyse, pour en entendre le sens total, par l'intelligence de tous les sens partiels et de tous les rapports de ses parties ; leur synthèse, pour donner le talent de composer et d'improviser avec régularité sur tous les objets que l'on

connaît ; l'amplification grammaticale ou développement du plan d'un discours; et l'extrait d'un discours développé, pour activer l'esprit ; la conversion d'un discours, pour le féconder ; la traduction, pour acquérir la faculté de verser ses pensées d'une langue dans une autre, et acquérir la connaissance et l'usage de l'une et de l'autre ; enfin la critique grammaticale, pour corriger ses productions et juger de celles de autres.

148. Il suit de ce que nous avons observé sur le discours grammatical, dont la phrase et le mot ne sont que les parties, que le discours est l'objet et la fin de la grammaire. Cependant elle n'en a encore donné ni la théorie, ni la pratique. Si les lettrés logiciens et rhéteurs pêchent souvent contre les principes et les règles de cette troisième partie, combien les citoyens qui n'apprennent que la grammaire, pour s'en tenir à la pure manifestation de leurs pensées verbalement ou par écrit, ont-ils besoin qu'elle en soit complétée ?

149. VI. Mais quelque complète que soit la grammaire, elle ne pourra jamais devenir qu'un instrument sûr et facile de connaître les monumens des langues, et de les employer dans la confection du discours, comme l'architecture n'est que

la connaissance des matériaux des différentes sortes d'édifices : et l'art de les construire. Avec les connaissances les plus étendues et la plus grande habileté dans cet art générateur, il demeurera toujours nécessaire que l'entendement soit meublé des mots d'un commun usage dans la langue où l'on veut composer, pour que l'esprit se mette à l'ouvrage. Il est donc nécessaire d'apprendre le dictionnaire. On n'a pourtant point encore établi cet enseignement : et c'est un grand vide à remplir dans l'art grammatical.

150. L'on en a du moins senti la nécessité : mais l'imagination n'a produit que des systêmes factices, dont le plus insuffisant et le plus absurde a prévalu. MM. de Port-Royal se sont avisés de donner sous le titre de *Racines grecques*, une liste rimée de ses radicaux. Il n'était pas difficile de s'apercevoir que ce plan burlesque ne peut comprendre les vraies racines ; qu'il détruit les rapports grammaticaux existans entre ces radicaux et leurs dérivés ; qu'il ne peut leur assigner leurs sens primitifs ; qu'il doit même leur en donner de forcés, et leur ajouter des mots inutiles, pour avoir le nombre et des rimes ; et que consigné dans la mémoire par de grands efforts, il ne peut établir

qu'une routine incomplète et fausse. Cependant non seulement l'esprit de parti l'a fait entrer dans des écoles parmi les livres classiques : mais encore il a été le modèle de prétendues *Racines latines et hébraïques*. Portons l'analyse sur les dictionnaires mêmes des langues : et elle nous y découvrira trois systèmes des mots qui leur sont inhérens.

151. 1°. En analysant les mots indigènes d'une langue, on trouve qu'ils se réduisent en un petit nombre de racines médiales, finales et initiales ; dont les sens partiels donnent le sens total de tous ses mots. Il en est de même de ses mots exotiques, dans leurs langues. L'on aura donc le système analytique d'une langue dans des listes de ces trois classes de racines.

152. 2°. Chacun des radicaux d'une langue est un tronc d'où naissent un plus ou moins grand nombre de dérivés, par l'addition de racines finales et initiales; comme les rameaux et les racines d'un arbre naissent de son tronc. En réunissant les dérivés à leurs radicaux, l'on aura donc un système dérivatif.

153. 3°. Si nous réunissons dans l'ordre des pensées, tous les mots interrogatifs d'une langue, nous reconnaîtrons

que tous les autres mots viennent par leur sens leur correspondre, et se classer en se subordonnant les uns aux autres, par genres et espèces. Voilà donc un troisième système synthétique, de même nature que ceux imaginés pour différentes sciences, par les naturalistes et d'autres savans. Ce système admirable se trouve sur-tout avec l'évidence la plus frappante, dans les langues grecque et latine.

154. Ces trois systèmes simplifient merveilleusement les dictionnaires des langues et donnent des moyens faciles de les graver dans l'entendement. Leur étude par mémoire ou par simple traduction, a l'avantage de l'usage, par lequel on apprend les langues vivantes, sans en avoir les inconvéniens. Elle lui est même supérieure.

155. VII. Il ne nous reste plus qu'à rechercher l'ordre et la méthode de faire succéder la théorie et la pratique de l'art grammatical, d'une manière également conforme à la complication de son objet et à la portée de l'esprit humain ; pour obtenir les progrès les plus faciles, les plus rapides et les plus sûrs dans son étude: et l'analyse peut encore tracer ce cours. Trois objets sont à y déterminer : les principes de la théorie, la pratique des

opérations grammaticales, et l'usage de la langue. Tous trois doivent marcher ensemble et concourir dans tout le cours; mais différemment pour la langue maternelle et les langues vivantes et mortes.

156. 1°. On ne peut commencer l'étude de la langue maternelle que par l'usage, et la facilité et la promptitude admirables avec lesquelles les enfans s'y familiarisent avec des personnes qui parlent bien; démontrent les grandes dispositions que la nature a données aux hommes, pour établir entre eux un commerce de pensées, par le langage. Dès que les enfants conçoivent ce qu'on leur dit, et se font bien entendre sur les objets sensibles à leur portée, il est tems de les exercer à la théorie et à la pratique de la grammaire. Attendre plus tard, c'est laisser naître et se fortifier des habitudes vicieuses; et laisser augmenter les résistances des organes.

157. L'enseignement méthodique de la grammaire doit commencer par les six arts de la petite; pour étendre, corriger et perfectionner le développement des fonctions naturelles du langage, que le premier usage, n'a pu qu'ébaucher. La grande grammaire doit suivre ou accompagner leur étude, aussitôt que l'élève prononce bien, lit

couramment, et peut copier : et dès-lors ces trois objets doivent marcher de pair.

158. La théorie de la langue maternelle consiste dans la grammaire générale, qui lui soit appliquée. C'est un livre à graver parfaitement et profondément dans l'entendement, pour que pendant toute la vie, l'ame y lise rapidement en parlant et en écrivant; afin d'en observer toutes les règles avec une aisance indépendante du raisonnement. Une leçon bien sçue apprend une infinité de choses pratiques que l'on n'oublira point, si l'on s'habitue aussitôt à en faire usage : mais une leçon mal sçue, ne peut être d'aucune utilité. Cette étude est laborieuse, il est vrai : mais c'est la plus facile de toutes ; son but n'étant que de faire réfléchir sur ce qu'on sçait et ce qu'on fait par usage. L'objet de cette étude est étendu dans ses détails. Les étudians, sur-tout les enfans, ne pourraient l'apprendre en entier dans leurs premières études ; qu'avec beaucoup de tems et de peine. On doit donc débuter par des élémens généraux; qui contiennent ce qu'il y a de plus nécessaire et de plus régulier. L'on doit suivre par des développemens et des applications, et finir par des détails. Cette méthode, qui ne surcharge point la mémoire, a l'avantage de

faire tout concevoir par les premiers principes.

159. La pratique des opèrations grammaticales doit sans cesse accompagner les leçons de la théorie ; jusqu'à ce qu'on soit arrivé aux grandes opérations sur le discours. La pratique fait concevoir la théorie, et la théorie éclaire et guide la pratique : toutes deux développent les talens grammaticaux; et donnent la jouissance d'un art nécessaire dans toutes les circonstances et tous les instans de la vie.

160. L'usage écrit doit accompagner l'usage verbal, par des lectures et des analyses de morceaux des meilleurs écrivains, à portée de l'âge et du talent; et relatifs aux circonstances et même aux goûts; en procédant du plus simple et du plus naïf, au plus sublime et au plus figuré.

161. 2°. Les langues savantes et vivantes, telles que le sont plus ou moins la plupart des langues actuelles de l'Europe, doivent être étudiées par leurs grammaires particulières, rapportees à la grammaire générale; par les opérations grammaticales; et par leur usage verbal et écrit; et cet usage peut aisément s'acquérir par la double traduction de la langue maternelle en la langue étrangère, et de celle-ci en

la première, d'un systême usuel de cette langue, qui renferme tout ce qu'on en doit savoir.

162. 3°. Les langues savantes et mortes, telles que les anciennes, et particuliérement le grec et l'hébreu, ne doivent être étudiées que par leurs grammaires et par l'usage écrit, au moyen de la traduction de leurs auteurs; puisque leur usage verbal n'existe plus; que l'on ne compose plus en ces langues; et que nous ne les apprenons, que pour connaître leur littérature.

163. 4°. Les langues barbares et vivantes, telles que quelques idiômes celtiques encore subsistans, au nombre desquels on met le bas-breton, ne peuvent être étudiées que par la grammaire générale, leurs grammaires particulières, s'il en existe; et par leur usage verbal, avec ceux qui les parlent. Ce sont les plus difficiles à apprendre.

164. 5°. Les langues barbares et mortes, telles que les anciens idiômes septentrionaux, ne peuvent être étudiées que par les recherches et la collection de leurs monumens épars dans les langues modernes, leurs filles; dans quelques livres; et dans les anciennes dénominations des lieux où elles ont été parlées : et la grammaire gé-

nérale est le seul moyen de les ressusciter, en réunissant en un tout, leurs monumens retirés de leurs tombeaux.

165. 6°. La langue latine, dont la connaissance nous est si nécessaire, pour apprendre notre langue, nos sciences et nos arts; et pour nous rendre raison de nos mœurs er de nos usages, fait une classe à part. On doit la regarder comme une langue tout à la fois „ morte pour les peuples; mais vivante dans la république des lettres et dans l'église catholique. C'est une des plus simples, des plus régulières et des plus faciles dans sa pratique, comme dans sa théorie. Les difficultés que présente son étude, ne viennent que des rudimens absurdes, par lesquels on a prétendu l'enseigner; des méthodes insuffisantes et contre nature, qu'on a suivies; et de son enseignement sans son usage et sans la langue maternelle. L'on ne parviendra jamais à en établir des études faciles, rapides et suffisantes, si l'on n'en joint l'usage verbal à sa théorie réformée et complétée, aux opérations grammaticales et à son usage écrit, pendant tout le cours de son étude.

166. L'étude de la langue latine présente deux objets bien distincts: la langue même, et ses littératures modernes, an-

cienne, originaire et même de la basse latinité. La première doit être faite seule dans un *cours de latinité* bien déterminé. La seconde doit accompagner celles de la logique et de la rhétorique. Notre objet nous borne à la première.

167. Un *cours* complet de *latinité* doit présenter quatre parties ou degrés successifs. La première est la grammaire de la phrase, du mot et du discours latins, l'instrument nécessaire pour l'apprendre et s'en servir : la seconde doit en présenter les vrais systêmes, pour en apprendre le dictionnaire : la troisième consiste dans son élégance et sa versification, pour en connaître le génie : la quatrième est son analyse critique, pour avoir la clef de sa littérature et même le talent d'en corriger les textes.

168. La grammaire latine doit être partagée en deux parties successives : l'une de ses élémens et l'autre de ses développemens : mais il ne suffit pas d'une grammaire latine parfaite, pour le parfait enseignement de cette langue : il faut y joindre la grammaire générale, sur-tout pour ceux qui ne possèdent pas leur langue maternelle par principes.

169. Les opérations grammaticales sur les phrases, les mots et les discours latins doivent se succéder, à mesure que la théo-

rie grammaticale les présente ; sur des modèles tirés des auteurs, ou faits avec art, pour être mieux appropriés : et ce n'est que quand on possède toute cette théorie grammaticale, que l'on peut s'exercer avec fruit à l'analyse et à la traduction de morceaux choisis des grands écrivains latins, et à leur imitation dans des compositions. Nous avons traduit et analysé grammaticalement l'oraison de Cicéron pour le poëte *Archias*, qui est presque un morceau didactique de belles-lettres; et l'*Art poëtique d'Horace*, qui contient les premiers et grands principes de poésie : et nous avons démontré nos traductions et nos analyses, par les principes de grammaire. Celui qui peut bien rendre raison de ce double travail, peut l'appliquer aux auteurs les plus difficiles en prose et en vers; et ne doit plus y trouver de vraies difficultés.

170. Quant à l'usage verbal et écrit de la langue latine, il paroît impossible de le rétablir parce qu'on ne trouve plus de latinistes assez habiles pour parler latin avec aisance, élégance, même avec regularité : et même les scolastiques ont mis des obstacles presque insurmontables à ce rétablissement ; en commençant le cours de latinité dans celui des belles-lettres, par les

anciens auteurs latins, les plus difficiles et les moins relatifs à nos pensées; et en le terminant dans celui de philosophie, par le latin moderne et scientifique; le plus aisé et le plus correspondant à nos pensées. Je ne m'arrêterai point à faire reconnaître l'extravagance et l'absurdité d'un tel plan. J'observerai seulement qu'il faut nécessairement commencer par bégayer une langue, et la parler ensuite avec régularité et élégance, avant d'étudier sa littérature avec ses orateurs et ses poëtes.

171. J'ai d'autant plus senti combien il est difficile de rétablir l'usage de la langue latine, que j'ai toujours été plus persuadé de sa nécessité. Enfin après bien des travaux, dont je n'ai point retiré tous les fruits que je désirais, je crois avoir vaincu toutes les difficultés, par un *systême usuel des langues française et latine*, dont je crois l'usage bien supérieur, à tous égards, à l'usage même des langues vivantes. Donnons ici une légère idée de ce grand travail, qui épargne bien de la peine à ceux qui s'en servent.

172. Je fais entrer dans ce systême usuel et grammatical, tout ce qui est nécessaire pour la connaissance, la pratique et l'usage de la langue latine. Je le commence par ce qu'il y a de plus utile, de plus régulier,

de plus simple et de plus facile : et j'y fais succéder insensiblement les irrégularités, les complications et les difficultés. Je le partage en quatre systêmes, qui correspondent aux quatre degrés du cours de latinité. Le premier que j'intitule *systême élémentaire*, comprend un extrait de la grammaire en deux parties : l'une sur la classification et les variations des mots : l'autre sur la théorie grammaticale de la phrase, du mot et du discours. Le second est un systême de *dialectique grammaticale*, dont le but est de donner la forme et les matériaux nécessaires pour discourir ; aussi en deux parties : l'une de dialectique sociale, l'autre de dialectique syllogistique. Le troisième est des *élégances latines*, appliquées à des lettres et à des dialogues d'un usage familier. Le quatrième et dernier est un *systême économique*, qui comprend ce que l'économie a reçu des sciences et des arts.

173. La méthode d'étudier ce systême est aussi naturelle et conforme à l'usage des langues, que son objet en est nécessaire et complet. Elle consiste à l'écrire, le traduire verbalement de latin en français et de français en latin ; et même d'en apprendre par cœur les parties didactiques.

174. A ces quatre parties du système usuel, il me paraîtrait nécessaire d'ajouter, du moins pour ceux dont le cours de latinité fait partie de leur éducation générale, un recueil des pensées des grands écrivains romains, en latin et en français; pendant tout le cours de leurs études. Ce serait pour eux, l'auteur classique le plus fructueux. Outre que sa double traduction, le plus facile de tous les exercices grammaticaux, les familiariserait avec l'usage de la langue latine; et leur donnerait une notion générale de son excellente littérature; elles seraient un cours de morale, d'autant plus nécessaire dans ce tems, que les mœurs sont plus corrompues; et qu'il y a encore moins de moyens d'instruction.

175. L'ardent desir que l'on témoigne géneralement de voir abréger le long cours des études latines, porte bien des latinistes à remplir ce vœu. Et plusieurs annoncent des méthodes et des cours, dans lesquels ils doivent en six mois, même en trois, apprendre le latin et faire entendre tous les auteurs. Quel est donc le grand secret par lequel ils feront entendre, par exemple Horace, que ses traducteurs n'entendent pas encore bien, après les travaux de plus de cent éditeurs, interprètes et commentateurs des plus habiles? mais il suffit de sa-

voir le sens qu'ils donnent à leurs annonces, pour deviner ce qu'on en doit espérer. *Je vous enseignerai en trois mois, tout ce que je sais sur la langue latine*, disent-ils, *à leurs étudiants. Votre affaire est de l'apprendre : j'ai rempli ma tâche : ce n'est pas ma faute si vous ne remplissez pas la vôtre.*

176. Mais la théorie de la grammaire est le point le plus leger de l'enseignement grammatical. Il ne faut pas trois mois, pour démontrer celle que j'ai esquissée, quoiqu'elle soit plus que le double des grammaires ordinaires. Outre ce qu'elle enseigne, il faut encore pour entendre et parler une langue, savoir environ 20,000 mots, qui ont plus de 100,000 sens. Pourra-t-on les apprendre en bien des années, sans l'analyse, qui les réduise à environ 2,000 racines, et leurs sens secondaires à leurs sens primitifs? Ce point réglé, l'on ne peut encore déterminer le tems en général pour tous les étudians. La grandeur et la rapidité de leurs progrès seront proportionnées, je ne dirai pas tout à fait à leur âge et à leur mémoire; mais à leur habileté dans leur langue maternelle; au tems qu'ils donneront journellement à l'étude, à la méthode qu'ils suivront, à leur talent de bien étudier, et à leur attention et reflexion.

177. Mais je ne craindrai point d'avan-

ter d'après mon expérience, que des jeunes-gens studieux, attentifs et réfléchis peuvent avec des dispositions communes, mais avec un travail journellement suivi, acquérir en trois mois et même moins, la théorie, la pratique et l'usage de chaque partie de notre cours de latinité ; qu'avec la première, ils peuvent entendre les livres scientifiques latins ; avec la seconde, disserter en latin sur les sciences qu'ils voudraient étudier ; avec la troisième, se familiariser avec la langue latine comme avec leur langue maternelle ; avec la quatrième enfin s'exercer avec succès sur les auteurs les plus difficiles.

178. La double analyse que je viens de faire, démontre les merveilleux effets et les grands usages de l'art grammatical, le premier et le plus nécessaire des arts, sans lequel les autres disciplines ne se seraient point formées et ne pourraient se perpétuer : mais on ne peut obtenir les uns et les autres, dans leur totalité et leur perfection ; sans une grammaire complète, simple et parfaite.

179. La grammaire générale doit être l'analyse, au moins des langues savantes, qui nous mettent en commerce avec nos ancêtres ; et avec tous les peuples anciens, dont nous avons reçu nos connaissances

et nos opinions ; nos talens et nos arts ; nos mœurs et nos usages ; notre jurisprudence et notre religion ; nos monumens et notre langage : et si nous éprouvons encore tant de difficultés et de peines à apprendre notre propre langue et toutes les autres ; et à nous familiariser avec leur littérature ; c'est que leurs analogies n'ont point été complètement établies par une analyse parfaite. La grammaire est un instrument nécessaire pour la conception et la composition de toute espèce de discours : et si tant d'hommes aussi instruits qu'on peut le devenir par les études grammaticales actuelles, manquent de l'intelligence et de l'élocution nécessaires au commerce social, ils peuvent en faire le reproche à l'imperfection de l'art lui-même. La grammaire générale, qui est l'analyse et l'histoire naturelle des entendemens de tous les peuples, est aussi l'art d'organiser l'entendement de chaque particulier ; et d'activer ses facultés intellectuelles. Si tant d'hommes sortent de leurs études avec un esprit borné, inerte et peu propre aux arts et aux sciences, n'en accusons encore que l'impuissance des moyens, par lesquels il a été développé. Enfin la grammaire est proprement l'art du citoyen ; sans lequel il ne peut bien remplir ses fonctions, assurer ses intérêts et soutenir ses droits : mais l'expérience journalière ne démontre-t-elle pas aux citoyens grammairiens, leur insuffisance et leur inhabileté dans la manifestation de leurs pensées et dans la conception de celles des autres ?

180. En effet nous avons fait reconnaître que la théorie et la pratique de toutes les grammaires étaient encore insuffisantes, confuses et erronées sur les distinctions et les variations des mots, qui sont les matériaux du discours ; que les grammairiens qui se sont presque bornés à la phrase, n'ont point vu tout son horison ; qu'eux et les étymologistes ont produit des idées superficielles, confuses, insuffisantes et souvent fausses de la nomenclature ; qu'on ne s'est point encore occupé de la grammaire du discours ; que l'on ne travaille point à meubler l'entendement, des connaissances renfermées dans le dictionnaire usuel ; et qu'enfin l'on n'enseigne encore les langues et la grammaire, que par des méthodes particulières ; qui ne sont réellement ni analytiqnes, ni synthétiques, ni naturelles.

181. L'art grammatical attend donc pour se développer entièrement, se perfectionner et répandre sur toutes les classes de citoyens, les avantages, les bienfaits,

et l'excellence qu'il leur promet; une heureuse révolution, semblable à celles qui depuis trois siècles, ont refondu et créé la plupart des sciences de la nature, et des arts qu'elles ont produits. Le gouvernement remplit le cœur des français de reconnaissance, par le rétablissement des études basées sur la grammaire: mais que sa gloire sera éclatante chez nos contemporains, et durable dans la postérité, s'il y substitue les vraies connaissances aux préjugés et aux erreurs; et l'art aux routines!

182. Mes analyses ne peuvent présenter que des thèses à développer et à démontrer. J'espère en donner des développemens et des preuves dans les ouvrages que je publie en même tems que ce *Tableau*; et dans ceux qui pourront les suivre. Elles sont sans doute susceptibles d'objections: et je me ferai un devoir de donner les solutions de celles qu'on voudra bien leur opposer ou de corriger mes erreurs. En ouvrant aux grammairiens, aux instituteurs, aux lettrés, aux philosophes, un plus vaste horison de l'art grammatical, je ne prétends point l'avoir parfaitement completé, simplifié et réformé. Je n'aspire qu'à la satisfaction d'avoir, pour les progrès des études et le bien public,

esquissé avec plus d'étendue le plan de l'édifice à reconstruire, et dégrossi quelques matériaux : et je recevrai avec reconnaissance les observations et les critiques, par lesquelles des savans vrais et zélés voudront bien étendre mes vues et les corriger.

FIN.